"十四五"时期国家重点出版物出版专项规划项目

★ 转型时代的中国财经战略论丛 ◢

乡村振兴背景下
山东省乡村体育教师
专业培训研究

Study on the Rural Sports Teachers' Professional Training in
Shandong Province under the Background of Rural Revitalization

李 刚 著

中国财经出版传媒集团

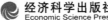

经济科学出版社
Economic Science Press

图书在版编目（CIP）数据

乡村振兴背景下山东省乡村体育教师专业培训研究/
李刚著．--北京：经济科学出版社，2023.6
（转型时代的中国财经战略论丛）
ISBN 978 - 7 - 5218 - 4888 - 5

Ⅰ.①乡…　Ⅱ.①李…　Ⅲ.①农村学校 - 体育教师 -
师资培养 - 研究 - 山东　Ⅳ.①G807

中国国家版本馆 CIP 数据核字（2023）第 119199 号

责任编辑：于　源　刘　悦
责任校对：刘　昕
责任印制：范　艳

乡村振兴背景下山东省乡村体育教师专业培训研究
李　刚　著
经济科学出版社出版、发行　新华书店经销
社址：北京市海淀区阜成路甲 28 号　邮编：100142
总编部电话：010 - 88191217　发行部电话：010 - 88191522
网址：www. esp. com. cn
电子邮箱：esp@ esp. com. cn
天猫网店：经济科学出版社旗舰店
网址：http：//jjkxcbs. tmall. com
北京季蜂印刷有限公司印装
710 × 1000　16 开　11.5 印张　180000 字
2023 年 8 月第 1 版　2023 年 8 月第 1 次印刷
ISBN 978 - 7 - 5218 - 4888 - 5　定价：49.00 元
（图书出现印装问题，本社负责调换。电话：010 - 88191545）
（版权所有　侵权必究　打击盗版　举报热线：010 - 88191661
QQ：2242791300　营销中心电话：010 - 88191537
电子邮箱：dbts@ esp. com. cn）

总　序

　　"转型时代的中国财经战略论丛"是山东财经大学与经济科学出版社在合作推出"十三五"系列学术著作基础上继续在"十四五"期间深化合作推出的系列学术著作，属于"'十四五'时期国家重点出版物出版专项规划项目"。自2016年起，山东财经大学就开始资助该系列学术著作的出版，至今已走过7个春秋，其间共资助出版了152部学术著作。这些著作的选题绝大部分隶属于经济学和管理学范畴，同时也涉及法学、艺术学、文学、教育学和理学等领域，有力地推动了我校经济学、管理学和其他学科门类的发展，促进了我校科学研究事业的进一步繁荣发展。

　　山东财经大学是财政部、教育部和山东省人民政府共同建设的高校，2011年由原山东经济学院和原山东财政学院合并筹建，2012年正式揭牌成立。学校现有专任教师1730人，其中教授378人、副教授692人，具有博士学位的有1034人。入选国家级人才项目（工程）16人，全国五一劳动奖章获得者1人，入选"泰山学者"工程等省级人才项目（工程）67人，入选教育部教学指导委员会委员8人，全国优秀教师16人，省级教学名师20人。近年来，学校紧紧围绕建设全国一流财经特色名校的战略目标，以稳规模、优结构、提质量、强特色为主线，不断深化改革创新，整体学科实力跻身全国财经高校前列，经管类学科竞争力居省属高校首位。学校现拥有一级学科博士点4个，一级学科硕士点11个，硕士专业学位类别20个，博士后科研流动站1个。应用经济学、工商管理和管理科学与工程3个学科入选山东省高水平学科建设名单，其中，应用经济学为"高峰学科"建设学科。应用经济学进入软科"中国最好学科"排名前10%，工程学和计算机科学进入 ESI 全球排名前 1%。2022 年软科中国大学专业排名，A 以上专业数 18 个，位居省属高校第 2 位，全国财经类高校第 9 位，是山东省唯一所有专业全部上榜的高校。2023 年软科世界大学学科排名，我校首次进入世界前 1000 名，位列 910 名，中国第 175 名，财经类高校第 4 名。

2016 年以来，学校聚焦内涵式发展，全面实施了科研强校战略，取得了可喜成绩。仅以最近三年为例，学校承担省部级以上科研课题 502 项，其中国家社会科学基金重大项目 3 项、年度项目 74 项；获国家级、省部级科研奖励 83 项，1 项成果入选《国家哲学社会科学成果文库》；被 CSSCI、SCI、SSCI 和 EI 等索引收录论文 1449 篇。同时，新增了山东省重点实验室、山东省重点新转智库、山东省社科理论重点研究基地、山东省协同创新中心、山东省工程技术研究中心、山东省两化融合促进中心等科研平台。学校的发展为教师从事科学研究提供了广阔的平台，创造了更加良好的学术生态。

"十四五"时期是我国由全面建成小康社会向基本实现社会主义现代化迈进的关键时期，也是我校合并建校以来第二个十年的跃升发展期。2022 年党的二十大的胜利召开为学校高质量发展指明了新的方向，建校 70 周年暨合并建校 10 周年校庆也为学校内涵式发展注入了新的活力。作为"十四五"时期国家重点出版物出版专项规划项目，"转型时代的中国财经战略论丛"将继续坚持以马克思列宁主义、毛泽东思想、邓小平理论、"三个代表"重要思想、科学发展观、习近平新时代中国特色社会主义思想为指导，结合《中共中央关于制定国民经济和社会发展第十四个五年规划和二〇三五年远景目标的建议》以及党的二十大精神，将国家"十四五"时期重大财经战略作为重点选题，积极开展基础研究和应用研究。

"十四五"时期的"转型时代的中国财经战略论丛"将进一步体现鲜明的时代特征、问题导向和创新意识，着力推出反映我校学术前沿水平、体现相关领域高水准的创新性成果，更好地服务我校一流学科和高水平大学建设，展现我校财经特色名校工程建设成效。我们也希望通过向广大教师提供进一步的出版资助，鼓励我校广大教师潜心治学，扎实研究，在基础研究上密切跟踪国内外学术发展和学科建设的前沿与动态，着力推进中国特色哲学社科科学学科体系、学术体系和话语体系建设与创新；在应用研究上立足党和国家事业发展需要，聚焦经济社会发展中的全局性、战略性和前瞻性的重大理论与实践问题，力求提出一些具有现实性、针对性和较强参考价值的思路和对策。

山东财经大学党委书记　王邵军

2023 年 8 月 16 日

前　言

　　中共中央、国务院印发的《乡村振兴战略规划（2018—2022 年)》（以下简称《规划》）中指出要"继续把国家社会事业发展的重点放到农村，促进公共教育、医疗卫生、社会保障等资源向农村倾斜"。乡村的发展离不开乡村教育的发展，因此，《规划》中强调了要优化发展农村教育事业。

　　习近平总书记在党的十九大报告中提出了"乡村振兴战略"，为全面建成小康社会提供了重要的政策支持。乡村教育事业的逐渐成熟可以带动乡村的进步，基础教育中的体育教育也是关键的一部分，乡村体育教师作为乡村体育教育发展中的重要一环同样不可或缺，所以，要把乡村体育教师的专业能力培训放在重要位置。乡村中小学的体育教育事业想要均衡健康向前，就要重视乡村体育教师的专业能力培训水平。随着社会对乡村教育重视程度的提高，国家先后在 2015 年、2017 年出台了有关乡村教师培训的相关文件，为乡村教师的培训做好了顶层设计。

　　我国部分乡村中小学处于偏僻的地方，受到环境、气候等因素的影响，这些学校的师资力量和教学条件可能远远不及城镇学校，乡村体育教育事业的发展严重受阻。本书运用问卷调查法、文献资料法等对山东省乡村体育教师的基本情况和专业培训情况进行了调查分析，同时结合乡村振兴战略，对山东省乡村体育教师培训情况进行量化分析，探究当前存在的主要问题，并从结构功能主义视角，构建帕森斯的"AGIL"功能模型，对山东省乡村教师专业培训提出结合本土环境、推动专业化专职化发展、融合现代"互联网＋"技术、完善配套管理体系、将现代化人工智能技术（AI）引入乡村体育教师培训以及建立健全乡村体育教师培训的激励评价体系和立足培养目标落实培训方案的具体对策，为乡村振兴背景下山东省乡村体育教师专业培训的良好发展提供参考。

目　录

第1章 导 论

1.1 国内外研究现状

1.1.1 国内研究现状

通过查阅、分析国外关于教师培训相关的文献资料可以发现，我国开展教师培训的相关研究相对于一些发达国家来说起步较晚，直到中华人民共和国成立以后，才引起相关部门的重视。直到 20 世纪 50 年代末，针对教师培训的相关观点在广大学者的努力下逐步发展。目前我国对乡村教师专业培训的研究主要集中在内容、方式、评价、动力因素和师资等方面。

1. 教师专业培训内容的相关研究

教师培训作为教师专业能力培训重点研究的基础内容，目的是改变现有的传统知识传授模式和课堂"填鸭式"的教学方法，着眼于乡村体育教师的终身学习思想，全方位、多角度增强乡村体育教师师资力量的教育专业水平和综合素质。通过国内和国外已有的学术文章和资料整理总结发现，老师与学生之间的交流和青少年心理相关的教育部分是教师普遍感兴趣的内容，对于基础理论和空谈的教学计划安排普遍不感兴趣。朱益明（1998）指出，教师培训的需求主要分为三个方面，分别从教学理论、职业道德和专业知识需求进行分析研究。在不同视角下对多个学校的体育教师进行深入的采访调查发现，在不同因素的影响下，参加教师培训的教师需求都有一定程度的差别。胡艳（2004）指出，现阶段所开展的相关教师培训内容只片面进行了理论知识的培训，对参训教师实际的现实需求漠不关心，缺少实践活动，参训教师得不到提升解决问题能力的锻炼。沈家华（2021）认为，乡村教师的培训需要聚焦于乡村教学的真实情境，从基于乡村教师自身需求的培训主题构建、创设真实的培训学习过程和创设培训意义构建等环节入手，乡村教师培训对构建乡村教师学习方式和核心素养能力有着时代化的现实意义和特点。黄清辉（2021）认为，乡村教师的专业成长在一定程度上需要乡土文化的滋润。对乡村教师展开关于乡土文化相关内容的培训课程是非常重要的。乡村教师借助乡土文化资源开展教学授课活动，不仅能够让师生关系更加融洽和谐，更能够提高学生上课质量并活跃课堂气氛。乡村教师培训的重难点应该放在如何将乡土文化融入教学课程中。张育菡（2021）认为，城市化、统一化的教师培训内容体现不出乡村教师特有的乡土性。乡村教师对比城市教师来说，接触不到太多可加以利用的教学资源，还要面临情况更加复杂、多变的教学环境。乡土文化是乡村教师长期在乡村学校从事教育工作的动力。利用乡土性开展乡村教师培训活动意味着开展的培训活动和培训内容要根据本地实际情况具体分析，培训内容要设计得更"接地气"，打破常规统一的培训内容，设置具有本土性质的培训教学课程。

2. 教师专业培训方式的相关研究

教师培训的效果将直接影响参训教师后续发展的高度，同时培训也是帮助他们成长的有效途径。因此，在进行相关的教师培训研究时，专家学者要着重关注参训教师对培训方式的不同选择。通过分析相关文献可以发现，在参加培训活动时参训教师对培训方式都有着自己的偏好和需求。周玉元（2010）指出，教师培训形式主要为专家互动、送课到校、参观学习等。黄凤萍（2020）认为，现在的乡村教师培训方式主要为校本培训的形式，应根据乡村学校的特点因地制宜，发现适合本校老师开展培训活动的学习方式。这种培训方法相对于纯理论授课讲授法形式更灵活，效果卓越，内容更具有针对性。赵宏亮（2021）认为，乡村教师的培训方式要具备灵活性的特点，并且要以乡村教师的实际个人需求为培训内容导向，设计满足不同需求的培训课程，让培训方式更灵活多变，培训内容更加实际有效，并提供及时的后续追踪反馈和评价。同时可以评选优秀学员，计划进行高端培训，推动建设骨干教师培训体系，进而促进乡村教师整体的梯队培训。仝红月（2022）认为，在进行乡村教师培训的过程中，应走出传统教师培训模式的束缚，重视乡村教师自身的缄默知识；构建以实践为目的的培训学习内容；实现多元化乡村教师培训模式；建立并改善培训主体间的交流渠道。张慧迪（2020）认为，乡村教师培训方式不仅要多维化，更重要的是能够激发参训教师自觉参加培训的能动性，搭建反思、交流、分享经验的平台并渗透乡村情感教育。借助乡村教师独有的乡土情怀，激发乡村教师的主观能动性，让参训教师能够更好、更热情地投入后续的培训和乡村课堂教育工作中。张志越（2011）指出，举例分析式、讲解传授、现场调查参观等教师培训方法普遍受教师喜爱和欢迎。多种多样的教师培训方法，导致不可能存在某种完美的方案或者普遍适用的教师培训方法。在现实教师培训工作的过程中，要注意具体问题具体分析符合当地实际情况的工作方法。要针对调查研究结果进行充分的情况分析，具体问题具体分析后，选择合适的培训方式和课程设置。

3. 教师专业培训评价的相关研究

周玉元（2010）指出，目前对参加培训的教师评价采取多种方式相结合的形式，包括对考勤、考试成绩、培训态度和后续的跟踪指导等环节进行整体的综合评价。同时可以运用柯克帕特里克的"四层评价法"对培训活动的效果进行全面评价，并且保证做到教师培训评价环节的完整性和系统性。教师培训的效果将直接影响参训教师后续发展的高度，同时也是帮助他们成长的有效途径。因此，在进行相关的教师培训研究时，专家学者要着重关注参训教师对培训方式的不同选择。张嫚嫚（2016）认为，科学合理可行的教师培训专业评价体系对教师培训具有正向推动力，同时也能对培训专家进行教师培训活动的过程产生追踪反馈。通过对培训内容、参训教师和培训专家三个方面构建评价考核体系，三个方面共同作用、互相融入，三向结合，实现教师培训体系对培训效果提高的反馈作用的最大化。俞建芬（2018）认为，借助第三方评价考核机构对乡村教师培训进行整体评价，采用委托形式，通过专业的培训团队来进行评估工作，对整个培训过程进行动态、系统的跟踪监控，这样可以最大限度地避免参训教师因为利益或其他因素做出歪曲的评价。燕凌等（2018）认为，可以通过建立包含参加培训教师的基本信息、培训需求、学习状况、考核情况等内容的数据库，制定不同参训教师的不同考评标准，为后续培训工作的设计提供参考，从而使培训资源能够合理利用、配置。孙涛（2021）认为，当前教师专业培训评价方法上，应该改变过去单一计算学时的线上考核法和完成书面作业的线下考核法，鼓励对教师进行教育教学能力的考核，建立多元考核模式的工作机制，体现出培训评价的专业性和针对性。王进进（2021）从乡村体育教师培训范围方面的培训准备、培训实施、培训效果、训后追踪以及参训教师方面的参训表现、学习效果与教学成果七个主要指标来进行统计分析，认为该套体系科学、合理、可行，具有较强的可操作性和实用性，不仅推动了乡村学校体育教师进一步的发展，也促进了乡村学校及学生的进步与成长。黄澄辉（2021）认为，教师培训评价体系具有符合相关政策逻辑、注重人本体验、关注整体实效、重视价值引领四个特点，教师培训质量评价是对教师培训机构提供的培训服务能否达到价值评价与估量的标准，其内核是社会对于服务的品质判断。吕秀梅等（2008）提出，通过调查发现：大多数参加培训的教师所认可的考核方法是综合测评和开卷考试。任春亮（2012）提出，通过问卷调查发现：参加培训的教师较为喜爱的培训评价方式是教学案例和设计教案。由此可见，参训教师更欢迎实践形式的培训方法，对于纯理论的教学方式的评价并不高。

4. 关于教师专业培训动力因素的相关研究

教师培训动力是指参训教师为了实现自身教师职业需求而产生的一系列心理活动过程。影响教师参与教师培训的因素主要包括个人和环境两个方面。其中，不少教师对教师培训活动都没有正确的认知，并且也没有积极的参与态度，这部分教师由于上级单位或领导的压力、谋职晋升、获取奖金等原因，甚至抱有消极应付态度来参加培训。这使教师培训失去了原本的意义，教师参与培训的目的与之前不同，导致教师培训的初衷与建立之初的提高教学能力加强知识有所背离。

王建虹（2018）对教师参加培训积极性低的原因进行了分析，他认为主要原因是培训的最终效果与预期效果偏差较大，即教师培训的质量水平并不能达到受训教师们的心理预期，张光富（2006）提出，教师参加培训的主要目的是提高教学能力和专业素养，参训教师们应该认识到专业培训对于自身成长具有促进作用。教师参加培训活动的动机分为多种，虽然外部动机因素占有一定比重，但大多数参训教师参加培训的目的还是提高自身的教学水平和相关的专业技能。

5. 关于教师专业培训师资的相关研究

王全乐等（2006）提出，参训教师们最为喜爱的培训师资人员的类别，分别是优秀教师、专家和科研员。参训教师能够通过优秀教师的培训获取教学方法和经验方面的需求，而专家的教学培训课程能够让参训教师获得教学理论方面的知识，同时，针对参训教师科研能力方面的培训，可以通过设计科研员形式的培训课程帮助弥补参训教师在此方面的不足。因此，在开展教师培训活动时，要根据参训教师的实际情况对培训师资的选择进行调整。在对培训师资文献梳理过程中了解到，参训教师较多接受理论层面的教学，缺乏教育实践，因此导致参训教师对培训的满意程度较低。

6. 关于"国培计划"教师培训的相关研究

陈雁飞等（2013）指出，教师培训以"探索教研创新，提升教研能力"为主题，以提升教研能力为核心，目的在于建设一批有特色的教师队伍。

曹长德（2013）提出，一方面，国培计划对教师队伍建设起到了积极作用，不仅提升了受训教师的教学技术能力，而且对内在动力方面起到了激发作用；另一方面，进一步推进教师晋升机制的完善，对于推动国培计划的发展是非常重要的，也有利于调动教师参训的积极性。

党玮玺等（2014）研究了甘肃省乡村学校体育骨干教师置换培训，该研究认为，省级区域以外和高校专家对乡村体育教师的教育水平和综合能力培训有至关重要的作用。因为参加培训的乡村体育教师可以通过专家们的前沿思想观念和先进技术提高自己的水平。乡村体育教师接受培训内容后，不仅可以帮助教师更新改进教学理念，还能提高参训乡村体育教师学习积极性和主动性。

根据国内文献梳理可以看出，我国有关乡村体育教师专业培训问题的研究日益增多，研究主要集中在培训内容、培训方式和培训评价和动力因素这四个方面。除此之外，研究也应着重考虑教师培训的时间、地点、费用和师资力量等方面的关键性因素。因此，对乡村体育教师的培训绝不是完全相同的，都存在一定的针对性。通过对国内相关文献的检索可以看出，对于我国乡村体育教师培训的文献数量较多，但关于山东省研究的文献却较少。在国家乡村振兴战略、体育强国建设以及《山东省"十四五"教育事业发展规划》的推动下，山东省乡村体育教学环境和资源得到了极大的改善，同时也取得了长足的进步。需要注意的是，地域分布不同带来的教学环境、教学条件差异，也会对教师培训水平产生影响。因此，教师培训要求不能一概而论，也不可千篇一律。在国家乡村振兴战略的大力推动下，乡村体育教学环境和资源有了极大改善，但整体来看这些培训较片面，针对性不强，因此加强乡村体育教师专业培训的研究，提升乡村体育教师专业培训水平就显得尤为重要和紧迫。

1.1.2 国外研究现状

自 20 世纪八九十年代以来，国外各国的城乡教育发展情况也表现出很大的断层，但是从整体层次来看乡村体育教师培训内容不全面，目的性不明确，所以乡村体育教师的教育能力和综合素质水平亟待提高，乡村体育教师培训的模式和理念也需要快速更新。通过文献梳理发现，有关乡村教师培训的研究比较多的国家是美国。因此主要以美国乡村教师培训的相关制度和发展实践为例来阐述国外关于乡村教师培训的研究。

20 世纪 60 年代，美国政府颁布了《教师进修法》（*Teacher Educa-tion Art*），保证落实了各州的教师任职许可证制度。1983 年发布了《国家处在危险之中，教育改革势在必行》（*A Nation at Risk - The imperative of Education Reform*），1986 年，又发布了《国家为 21 世纪的教师做准备》（*A Nation Repared：Teachers for the 21ˢᵗ Century*），随后 2000 年美国为了增强教师培训的效果，出台了《美国 2000 年教育目标法》（*Goals 2000 - Eductate American Act*）等多个文件。同时美国著名乡村教育杂志顾问帕企夏提出了"乡村教育的改革要与课程标准教育的改革相融合"的观点。根据乡村教育的特殊性，找到乡村教育改进与标准课程教育改革之间的"中间地带"（middle ground）。2001 年美国的密苏里州教育更新区（the missouri educational renewal zones，ERZ）利用现代最新技术，通过多方合作，提供针对性的培训活动，利用一系列教育资源和政府支持，保证乡村教育的高质量发展。2003 年，美国的著名学者米契姆和维尔斯认为，保证教师培训的质量可以通过开展相关教师评价环节来实现，同时，密苏里州以高等教育机构为中心，联结全州的教师与技术服务机构实施了"教育更新区"（Missouri Education District Project Update，ERZ）计划，建立新型教师培训机制，利用现代最新技术帮助乡村教师成长和提高，保证教师培训的质量。2004 年，美国联邦教育部召开了"教师研究与实践"会议，又相继发起了"教师成长计划"，提出了很有现实意义的利用新技术进行远程培训的方案，为一些不方便离开乡村地区的乡村教师提供了参加培训的新方法。美国乡村地区的学校一直面临着聘用和保留高素质教师的挑战。为了提高乡村地区教师的素质，美国政府推出了一系列的教育政策和计划，包括资助乡村教师培训和提供教育资源等。同时，美国的一些大学也开设了针对乡村教师的专业培训课程。美国的专家学者在进行乡村体育教师专业培训的研究时，针对不同层次的教师设计了不同类型的培养方案，开展的研究活动更加深入透彻。如新手教练培训、进阶教练培训等。此外，美国还有一些非政府组织和基金会致力于为乡村体育教师提供专业培训和发展机会。

　　进入 21 世纪以来，美国乡村教育现状经过了众多调查机构的详细调查与介绍。"为何乡村事关重大"（Why Rural Matters）系列调查结果显示，美国乡村教育政策很大程度上促进了乡村学校的进一步发展。因此提供正确、恰当、合理的政策支持对乡村教师培训来说显得至关重要。部分接受过政府开展的乡村教师培训的乡村学校发展都取得了进一步阶段性的建设，由此也体现出乡村教师培训对于乡村教师本身和乡村学校发展的重要作用。2002 年美国政府制定并推行的《不让一个孩子掉队法案》（No Child Left Behind），为课堂教学效果表现较差的乡村学校提供了大量物质和政策上的帮助，对促进乡村学校教育公平过程中引进具有专业科目知识、通过教师资格认证、取得高学历学位的高质量教师起到重要作用。基于此，美国联邦政府后续出台了"高质量教师"（highly qualified teacher，HQT）计划，认为想要学生获得高质量课堂教学活动就要针对上课教师制定一个高质量的标准。为了解决乡村教师和学校很难达到政府规定的高质量教师的标准的问题，2004 年美国教育部颁布了 NCLB 法案新条款（New NCLB Flexibility：Highly Qualified Teachers），为乡村教师提供了更多提升整体素质能力的机会，放宽了乡村教师达到高质量标准的日期。同时，美国各州政府也根据各州乡村实际教育情况调整了"高质量教师"政策具体计划的推行和落实。2009

年，美国政府为了保障乡村教师教育事业的稳步发展，颁布了《2009年美国复苏与再投资法案》（*American Recovery and Reinvestment Act of 2009*），推动了"力争上游"（race to the top）项目的实施，进行了全面彻底的改革，促进乡村教师的高质量快速发展。美国教育部也更加关注新任乡村教师的专业能力发展，保证教师资金充足，促进乡村教师之间关于教学能力和经验的交流与沟通。2010 年发布的《改革蓝图：初等及中等教育法案修正案》（*A Blueprint for Reform：The Reauthorization of the Elementary and Secondary Education Act*），为了适应乡村教育发展的新情势，美国联邦政府希望通过培养"高效教师"的方法来推动整体教育质量的提高，特别强调了教师对于学生的重要程度。同时认为要持续提高乡村教师的福利待遇和资助，利用信息技术来帮助教师知识和能力的进一步提升，将乡村教育发展提到更高的地位。2012 年，美国联邦政府推行"尊重项目"（recognizing educational success, professional excellence and collaborative teaching project，RESPECT Project），解决乡村教师师资团队不牢固，乡村教育质量较低等问题来促进教师教学水平专业发展。2015 年修订的《每一个学生成功法案》（*Every Student Succeeds Act*，ESSA）更加关注乡村弱势学生群体，将乡村教育放在优先发展地位，加大对乡村教师的财政投入，提高乡村教师整体素质水平，保证乡村学生能够得到高质量教育。美国乡村教师的培训策略与措施总结有以下三点可借鉴。

1. 根据实际教育需求，制订针对性培训计划

美国多个州通过调查分析，实施具有针对性的教师培训。如北卡罗来纳州的同事帮助项目，通过组织乡村教师会议进行集体讨论的形式分享教学经验来促进同事的共同发展；田纳西州和科罗拉多州利用网络信息技术，提供并开展在线促进乡村教师发展活动和"教育者入职资格"项目，为乡村教师的培训提供网络课程并构建与外界教育环节沟通的机制。针对新入职的乡村教师培训，美国政府出台了专项"新任教师计划"（the new teacher project）。新任乡村教师缺乏足够的教育经验和教育信念，需要进行专业的指导培训。美国各州几乎都推行了关于乡村新任教师的培训计划。近 30 个州推行并实施了新任乡村教师入职培训和指导项目。通过安排定期听课、提供培训机会等形式来加强新任乡村教师与其他具有丰富经验教师之间的交流。针对任职前乡村教师，各州对这些未来乡村教师提供了专业的培训项目，主要针对职前教师缺乏在乡村学校工作经验的问题。如佐治亚州开展的"专业人员职前培养项目"，目的是帮助任职前乡村教师能够尽快地适应并融入乡村学校的工作环境和生活环境。

2. 与高校合作，推动乡村教师培训长远发展

在实际的乡村教育环节中，美国多地乡村学校都出现了部分教学科目师资短缺的现象。为了解决此类问题，美国多所高校都开展了针对性的教师培训活动。例如，内布拉斯加州的林肯大学推出了"短缺学科教师专门培养计划"，目的是解决乡村学校师资力量短缺的问题，通过线上线下培训方式结合的形式解决了一些乡村教师培训的困难。威奇托州立大学为存在此类问题的乡村学校制订了联合教师培训计划，为乡村教师提供培训课程和学士学位等援助，并且允许一些短缺专业的未来乡村教师边工作边完成学业。针对不少乡村培训活动的开展过程中缺少实践性的问题。美国许多高校针对此问题利用边培训边实践的新型教师培训模式，使培训现场更加符合乡村教师教学课堂环境，培训过程变为教学过程，让乡村教师亲身感受、参与、体验培训情境，使参训教师在培训过程中能感受到更加真实、更具有实践意义的教学过程，并将这些经验融入自己未来的授课过程中，提高自身的实践教学水平。

3. 增加乡村教师参加相关教师培训活动的机会

除了美国政府外，不少社会组织也十分关注乡村教师的培训问题。绝大多数社会团体正在为参加培训的乡村教师提供物质上的帮助，保障他们参加培训活动的资金充足；除此之外，一些社会组织会提供与培训内容相关的网络资源，为当地的乡村教师搭建一个具有丰富教师培训课程的便捷平台，也提供对乡村教师培训活动的评价工作，聘请第三方专家全程参与、跟踪培训活动，定期公示阶段性评价报告，对后续的教师培训活动进行反馈并改善。一些社会组织也通过与政府、高校的合作形式来共同促进乡村教师培训工作的开展与顺利进行。

除此之外，其他国家和组织也对乡村教师培训有所研究。

（1）英国：1972 年，英国政府发表了《詹姆斯报告》，该报告提出建议教师每 7 年享受半年的全职工作和继续教育。同年，英国政府在《教育：扩大结构》白皮书中提出了具体的教师培训计划，并付诸实施。之后，随着《英语教育法》《教师专业发展规划》和《教师专业标准》的发布，经过多年教育界相关政策的调整，当前英国的教师培训水平在世界上处于领先地位。英国的乡村体育教师培训主要由学校和地方教育当局提供，其内容包括教学技能、课程设计、运动科学等方面，还注重教师的职业道德和自我反思能力。

（2）加拿大：加拿大政府一直重视乡村教育问题，提供多种方式的支持。加拿大联邦政府和省级政府合作推出了"乡村教育计划"，包括提供教育资源和培训课程等。此外，加拿大也鼓励乡村学校与大学合作，提供专业的教师培训课程。加拿大在乡村体育教师专业培训方面也有一定的研究和实践经验，主要集中在提高教师的教学技能和知识水平、提高教师的自我反思和专业发展能力等方面。

（3）苏格兰：20世纪90年代，乔治发表了《苏格兰农村教育质量发展行动研究》，内容涉及乡村教育研究。该文指出，它不仅可以为全国的教师解决远程教育中出现的种种问题，帮助提高教学质量，而且可以帮助乡村体育教师提高他们的专业能力和教学水平。

（4）澳大利亚：2004年，格林和里德（Green and Reid）提出了澳大利亚乡村教育可持续发展战略的政策和实践。他们认为，应该在乡村地区建立"卓越中心"（centers of excellence）。这一举措可以促进地区教育部门、大学和组织之间的合作，以确保乡村教师培训能够满足区域专业发展的需要。考虑到乡村地区教育的复杂性，澳大利亚政府提出了乡村地区教育计划的培训概念。这一理念的指导原则是将乡村教学质量的提高与乡村的可持续发展相结合。其重点是促进乡村教师了解什么是优质教师，如何提升和提高教学质量。项目的实施还需要教育行政和决策部门的共同努力。澳大利亚政府一直致力于提高乡村地区教育的质量和公平性。为了达到这个目标，澳大利亚推出了"乡村教育计划"，其中包括提供教育资源和培训课程等。澳大利亚还建立了乡村教育研究中心，致力于研究和改善乡村地区的教育问题。澳大利亚对乡村体育教师的培训主要分为初级和高级两个层次，旨在提高教师的技能和知识水平，使其能够更好地应对乡村教育的挑战。

（5）法国：乡村体育教师的培训主要由国家体育学院（INSEP）和国家体育技术学院（INSTIT）提供。这些学院提供基于实践的课程和实习，以帮助教师们掌握最新的体育技术和教育理论。此外，法国政府还制订了乡村体育教师职业发展计划，为他们提供更好的职业发展机会。

（6）德国：德国的乡村体育教师的培训主要由各个州的教育部门提供。培训课程包括体育技能、教学方法和教育理论等内容，并鼓励教师们参与教学实践。此外，德国政府还制订了"国家体育发展计划"，旨在加强乡村体育教育和普及体育运动。

（7）俄罗斯：乡村体育教师的培训主要由各个地区的体育学院和体育大学提供。这些培训课程主要包括体育技能、教学方法、心理学和营养学等内容。俄罗斯政府还通过推广"体育俱乐部在学校"项目，将体育教育和体育运动融入学校课程。

（8）韩国：乡村体育教师的培训主要由各大学体育系提供。这些培训课程包括教育心理学、教学方法、体育技能和竞技规则等内容。韩国政府还建立了一些体育培训中心，为乡村教师提供专业的体育教育培训。

（9）西班牙：西班牙的研究主要关注乡村地区的体育教育，研究范围涵盖了教师的职业素养、教学策略、学校管理、社区参与等方面。其中，教师的职业素养和教学策略是研究的重点。研究表明，提高教师职业素养和教学策略可以有效地提高学生的体育水平和兴趣。

（10）葡萄牙：葡萄牙的研究主要关注乡村地区的教育和体育教育，研究范围涵盖了教师培训、教学质量、体育设施等方面。研究表明，乡村教师的参训次数和教学质量影响着学生体育水平的提升。此外，建立完善的体育设施也是提高学生体育水平的重要手段。

（11）意大利：意大利的研究主要关注乡村地区的教育和体育教育，研究范围涵盖了教师培训、学生兴趣、社区参与等方面。研究表明，乡村教师教学质量的提高带动了学生参与体育课程的积极性。此外，加强社区参与可以提高学生对体育的兴趣和参与度。

（12）芬兰：芬兰的研究主要关注乡村地区的教育和体育教育，研究范围涵盖了教师培训、教学质量、体育设施等方面。研究表明，学生的体育水平和兴趣与教师培训、教学质量、体育设施等多方面有关。此外，芬兰政府通过加强体育设施建设和体育活动的普及，促进了学生体育水平的提高。

（13）联合国教科文组织（UNESCO）：UNESCO致力于推动可持续发展目标，其中包括为乡村地区提供教育。UNESCO认为，提高乡村地区的体育教育水平对于促进全面发展和健康生活方式至关重要。因此，UNESCO倡导通过促进教师培训和教育投资来改善乡村地区的体育教学水平。

（14）世界银行（World Bank）：世界银行致力于为发展中国家提供经济援助和技术支持。在乡村体育教师培训方面，世界银行支持发展中国家通过改进教育体系，提高教师培训质量，增加体育设施和资源来推动乡村体育教育发展。

（15）国际奥委会（IOC）：国际奥委会通过运动和体育活动的推广，鼓励人们积极参与和改善全球体育环境。在乡村体育教师培训方面，国际奥委会通过支持各种计划来帮助培训乡村体育教师，以增强他们的教学能力和运动领导能力。

（16）亚洲开发银行（ADB）：亚洲开发银行通过提供贷款和技术援助，支持亚洲和太平洋地区的发展。在乡村体育教师培训方面，亚洲开发银行支持发展中国家改进教育体系和提高教师培训质量，以加强乡村地区的体育教育。

（17）美洲开发银行（IDB）：美洲开发银行致力于帮助拉美和加勒比地区的国家实现可持续发展。在乡村体育教师培训方面，美洲开发银行支持为教师提供培训和资金，以促进体育教育的发展。

综上所述，各国和国际组织对于乡村体育教育培训都注重实践和理论相结合，涵盖了体育技能、教育理论和教学方法等多个方面，同时政府也加强对乡村体育教师的职业发展支持。部分发达国家乡村教师培训方面已经形成了较为科学完善的乡村教师培训体系和相关乡村教师培训政策，基本上做到了乡村教师培训管理体系的法治化与系统化，这些都是值得我们学习和借鉴的理论和经验。

1.2 研究意义

1.2.1 理论意义

本书以山东省乡村体育教师为研究对象，结合"乡村振兴战略"背景，从全方位、各层次分析山东省乡村体育教师专业培训现状，运用问卷调查、专家访谈等研究方法，拓宽了体育学的研究领域与研究路径，推进了与教育学、管理学的跨界和跨学科融合，有利于进一步推进与完善体育师资培训研究体系，研究体现出独特的学术价值。

帕森斯的 AGIL 功能模型是基于结构功能主义建立的分析框架，包括适应功能、目标达成功能、整合功能和模式维持功能，"四大功能"是社会系统存在的前提和基础。山东省作为教育大省，受到地理位置和天然环境的限制，乡村中小学教学条件差，乡村教师队伍师资力量薄弱，阻碍了乡村体育教育事业的发展。本书通过对山东省乡村体育教师的基本情况和专业培训的调查，结合当前我国乡村振兴战略，针对山东省乡村体育教师专业培训提出具体的策略对策，为促进山东省乡村体育教师专业培训的良好发展提供参考。

1.2.2　实践意义

本书通过对山东省乡村体育教师专业培训情况进行调查，分析在乡村振兴战略背景下山东省乡村体育教师最为真实的培训情况，进而提出科学合理的对策来解决乡村教师培训中出现的各种问题，帮助参训教师提高自身的教学教育水平和专业水平，最终实现山东省学生综合素养的全面提升。研究结果能够为开展的乡村体育教师专业培训活动提供理论层面的依据，具有借鉴和参考意义，在一定程度上推动了乡村振兴事业的发展。在乡村振兴战略的背景下，相关专业人才的全面发展得到重视，因此，对乡村体育教师的专业发展路径进行研究显得十分重要。通过文献资料法、问卷调查法、数理统计法等研究发现，我国乡村体育教师专业发展存在教育观念落后、教师培训形式单一、教师培训内容不实、教师培训模式陈旧、培训制度管理混乱、培训体制保障不够等问题。本书针对存在的问题提出了以下建议：结合本土环境，制定适宜乡村体育教师发展的培训策略；加强乡村体育教师的培训力度，实现体育教师专业化专职化发展；以现代"互联网＋"技术带动乡村体育教师整合创新；健全相关法律政策，完善配套管理体系；设立科学合理的教师培训目标，根据最新教育理念和前沿学科知识不断进行培训课程内容的设计与完善，培训形式要做到不脱离参训教师实际教学情况，不能只进行理论知识的培训；通过开展一系列措施提高乡村教师职业的社会地位和吸引力，改革现阶段教师培训评价考核体系，强调政府部门在培训过程中监督者的身份作用；帮助乡村体育教师利用互联网平台进行薄弱环节的学习和后续的反思，通过帮助参训教师提高自身能力进而增强他们对教师职业的认同感，以此达成改变落后的教育观念的目的，帮助我国教育模式的改革与创新，使体育学科能够得到更多的重视和关注。乡村教育在我国目前整体的教育改革过程中仍处于较为薄弱的环节，乡村教师毫无疑问是乡村教育改革的中坚力量，帮助乡村教师能力成长成为当务之急。学校是青少年学生进行体育活动、学习体育知识的主要场所，帮助推动学校体育的改革必然会对青少年学生德、智、体、美、劳的全面发展产生正向积极影响，青少年是祖国的未来，学校、政府和社会不仅需要发挥各自的力量帮助青少年健康成长，更要提高对教师的关注力度，特别是乡村教师这一特殊群体，乡村教育的发展与乡村体育教师的发展相辅相成，相互协调，做好关于保障乡村教师培训工作的一系列工作，对后续乡村振兴战略的全面推进落实也有着重要的作用。

习近平总书记在党的十九大报告中提出了"乡村振兴战略"，2018年2月中央农村工作领导小组办公室提出了《乡村振兴战略规划（2018—2022年）》，乡村振兴要靠人才，而人才的培养要靠教育，乡村教育事业的发展成为乡村振兴战略的重要支点。2015年印发的《乡村教师支持计划（2015—2020年）》指出要努力造就一支素质优良、甘于奉献、扎根乡村的教师队伍，教师队伍建设是发展乡村教育的关键，必须把乡村教师队伍建设摆在优先发展的战略地位。《体育强国建设纲要》指出，到2050年要全面建成社会主义现代化体育强国，而青少年正是建设体育强国的主力军之一。"少年强则国强"，乡村青少年的体质健康关系着乡村振兴战略的实施，体育教师承担着学生德育与体育的责任，乡村体育教师的发展对乡村学校体育教育质量的提高有着积极的推进作用。本书在乡村振兴战略背景下探究乡村体育教师专业发展的路径，以此来推动乡村教育的发展，加快乡村教师队伍建设，对促进教育公平、推进乡村振兴战略实施有着重要的实践意义。

1.3　研　究　内　容

1.3.1　研究对象

以乡村振兴背景下山东省乡村体育教师的专业培训为研究对象，在山东省 17 个地市，每个市随机选取 1 个县区，共 17 个县区，每个县区随机挑选 4 所学校，共计 68 所学校，发放教师调查问卷。内容包括乡村振兴背景下山东省乡村体育教师基本情况（性别、年龄、所在学校类型、职称、月收入、学历、所学专业等）及参加专业培训的情况（次数、方式、目的、内容、问题、评价、建议等）。

1.3.2　相关概念界定

1. 乡村体育教师

体育教师是教师队伍中十分重要的一部分，是学校体育中的一个具体的实践主体，并且在学生的整体发展中起到不可替代的作用。乡村体育教师是指在乡镇、乡村学校从事体育教学工作的教师，在乡村学校中进行实际教学和体育活动，传播科学知识和体育技术。

2. 乡村体育教师专业培训

乡村体育教师专业培训，是指通过各种途径，采取多种措施，发展乡村体育教育培训事业，提升乡村体育教师专业教育水平，提高教师教学素质，全方位增强乡村体育教师的授课能力和工作能力。通过分析实际培训需求对乡村体育教师群体进行集体教育培训，包括线上线下多种方式，从学科基础理论、专业知识，到教师个人规划、师德修养等各方面进行全方位的专业化培训。

3. 乡村振兴

"乡村振兴"一词在党的十九大报告中首次被提出，其中涵盖了"乡村"与"振兴"两部分含义。张孝德和丁立江（2018）认为，乡村是"作为一个独立的从事农业生产的单一经济单元"。"振兴"指以"衰落"为先决条件，"振发兴举，增强活力"。关于乡村振兴的内涵，可分为正式与非正式阐述两大类。党的十九大报告中提出，乡村振兴战略坚持农业农村优先发展，目标是按照产业兴旺、生态宜居、乡风文明、治理有效、生活富裕的总要求，建立健全城乡融合发展体制机制和政策体系，加快推进农业农村现代化。学术界许多学者对此精心钻研，从学理方面对乡村振兴进行了全方位的解读，极大地丰富了该理论的内涵。罗心欲（2019）从乡村振兴五个方面的内在关系着手，认为产业兴旺是重点，生态宜居是关键，乡风文明是保障，治理有效是基础，而生活富裕是根本，五大要素相互独立且层层递进，共同构成了乡村振兴这一复杂的有机整体。

4. 乡村体育

乡村体育是指乡村农民参加群体性体育活动，利用简单的体育设施和设备，或依托自然环境，通过传统项目、地方项目，如体育活动、体育健身、休闲娱乐、社会教育和社会交往等，或符合乡村环境特点的灵活形式的现代项目。

5. 教师专业培训

教师专业培训是指针对教师职业的要求及教师的专业知识、专业技术、专业水平和专业行为等方面，组织有关教育专业的培训，以提高教师的职业素养和教育教学能力。专业知识是指在教师培训中针对教育教学领域的相关知识，包括教育理论、教育心理学、教学方法、课程设计等方面的知识。专业态度则影响着学生的健康发展，包含教学思想、价值取向以及观念在内的教育情感表达。专业水平是指教师在教育教学领域的知识、技能、素养等方面的水平，包括教育教学理论水平、教学技能水平、教学管理水平等。

1.4 重点和难点

1.4.1 研究重点

通过对乡村振兴背景下山东省乡村体育教师专业培训存在的问题进行研究，总结出乡村振兴背景下山东省乡村体育教师专业培训的策略对策。

1.4.2 研究难点

难点在于对乡村振兴背景下山东省乡村体育教师参加专业培训情况的分析。

1.5 主 要 目 标

系统总结出乡村振兴背景下山东省乡村体育教师专业培训的策略对策，以期对乡村振兴背景下山东省乡村体育教师专业培训的良好发展提供参考，最终形成可操作的实践成果。

1.6 思 路 方 法

1.6.1 研究思路

首先，结合乡村振兴背景，提出山东省乡村体育教师专业培训研究的重要性与必要性，明确研究的目的和意义。

其次，对相关概念进行界定，结合乡村振兴背景下山东省乡村体育教师基本情况和参加专业培训基本情况，找出存在问题和原因。

最后，总结乡村振兴背景下山东省乡村体育教师专业培训的策略对策，以期对该领域提出有益的研究资料和工作建议。

1.6.2 研究方法

1. 文献资料法

广泛查找、鉴别、整理有关"乡村振兴""乡村体育教师"的国内外文献等，通过对文献资料的研究，形成对目前乡村体育教师发展现状的科学认识，为调查提供有力的理论支撑；收集整理近年来山东省乡村体育教师就业的可靠数据，保证调查结果的真实性和有效性；搜寻山东省有关乡村体育教师的法律法规与相关政策，通过深入分析、总结，为调查开展提供了可借鉴的经验；收集查阅相关领域内专家们提出的意见建议，认真思考梳理，为实际调查所需的应对策略提供了合理清晰的逻辑指导。

2. 问卷调查法

为了确保调查问卷的科学性和准确性,在对预测性问卷进行效度和信度分析之后,正式形成的问卷采用概率抽样法中的分层抽样方法。本次调查共收到 217 份问卷反馈,有效问卷为 139 份,有效回收率约为 64%。本书也将以此为样本,对山东省乡村体育教师的专业培训进行深入分析和未来展望。

3. 专家访谈法

就"乡村振兴""乡村体育教师""培训"等相关内容,向学者、专家了解他们对此问题的看法,为此次调查研究的开展提供重要的指导,同时为后续实证研究提供一手资料。

4. 数理统计法

充分运用相关统计软件中的方差分析数理统计法,对相关数据进行系统分析。

1.7　创新之处

18

乡村体育教师的专业培训关乎乡村教育的改革,乡村教育的改革尤其以乡村教师队伍建设为主要切入点。本书以乡村振兴背景下山东省乡村体育教师培训为切入点,对山东省乡村体育教师培训进行系统研究,结合帕森斯 AGIL 理论模型,形成了乡村振兴背景下山东省乡村体育教师专业培训的具体策略,视角新颖,创新性较好,目前在国内相关研究中尚没有关于该方面的系统研究。本书通过系统研究为提高乡村体育教师的教学能力和教学素养,培养出更多优秀的乡村体育教师,进而促进乡村体育教育事业的发展提供依据和借鉴。

第 2 章　乡村振兴背景下山东省乡村体育教师基本情况

2.1　乡村振兴背景下山东省乡村体育教师的基本情况

我国男性乡村体育教师人数多于女性。原因如下：首先，从学校招聘体育教师环节来看，乡村学校会更喜欢聘用男性体育教师，校方潜意识里认为男性教师更能够承受住艰苦的乡村教学环境。其次，学校体育生男多女少，在训练过程中需要更多的男性体育教师进行指导练习。关于现阶段我国乡村体育教师年龄结构组成，部分乡村地区年轻体育教师偏多；但如果深入更偏僻的乡村，老长的体育教师占比远远大于年轻体育教师。这种年龄结构有助于稳定乡村体育教师群体，但如果这种结构比持续下去会影响体育教师队伍的顺利衔接和持续发展。

本书对乡村体育教师的年龄进行问卷调查，从调查结果可以看出，当前乡村体育教师年龄结构较为年轻化，25 岁及以下的教师占 48.55%，25～35 岁的教师占 21.74%，35～45 岁的教师占 18.12%，45～55 岁的教师占 10.87%，55 岁以上的教师仅有 0.72%，可见，随着乡村振兴政策的不断发展，乡村经济和发展水平不断提升，也吸引了越来越多的年轻人返乡工作，年轻人正在成为乡村教师的主力军（见图 2 - 1）。

从乡村体育教师的学历调查结果可以看出，当前乡村体育教师中已经取得本科学历的教师占绝大多数，其中，本科学历的教师占 80.44%，研究生学历的教师占 10.87%，博士及以上学历的教师占 3.62%，大专学历的教师占 2.90%，高中学历（含中专）的教师占 1.45%，初中学历的教师占 0.72%，无初中以下学历的教师。可见，当前乡村体育教师学历结构中，拥有一定文化素质，并已取得较高学历的教师居多（见图 2－2）。

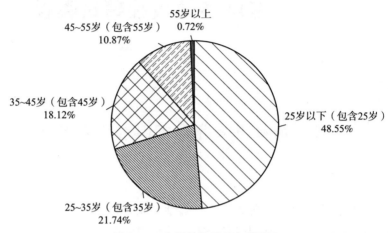

图 2－1　乡村体育教师年龄调查

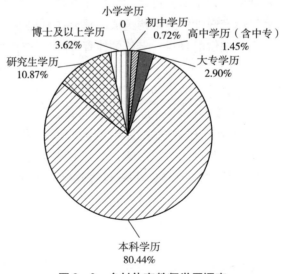

图 2－2　乡村体育教师学历调查

对乡村体育教师的收入调查结果可以看出，当前乡村教师的收入水平差距较大，各个工资段均有一定数量的分布，其中，收入在 1000 元以下的教师占 12.32%，收入在 1000～2000 元的教师占 3.62%，收入在 2000～3000 元的教师占 10.87%，收入在 3000～4000 元的教师占 25.36%，收入在 4000～5000 元的教师占 15.22%，收入在 5000 元以上的教师占 32.61%，可见，当前乡村体育教师的收入结构较为不均衡，尚未形成完善的教师工资发放标准（见图 2-3）。

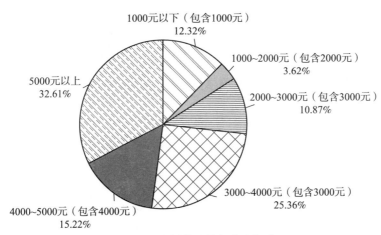

图 2-3　乡村体育教师收入调查

2.2　乡村振兴背景下山东省乡村体育教师参加专业培训的情况

问卷中对乡村体育教师的每年培训次数进行调查，从调查结果可以看出，随着乡村振兴及相关教师培训政策的出台，乡村体育教师参与培训的次数还是较为可观的。其中，培训次数为 5 次及以上的教师占 36.96%，培训次数为 3 次的教师占 20.29%，培训次数为 2 次的教师占 18.12%，培训次数为 1 次的教师占 11.59%，培训次数为 4 次的教师占 2.9%，但也应该看到，仍有 10.14% 的教师没有参加过系统培训，因此，形成一个系统的乡村教师培训制度，在乡村体育教师中普及专业培训仍然是一个需要解决的难题（见图 2-4）。

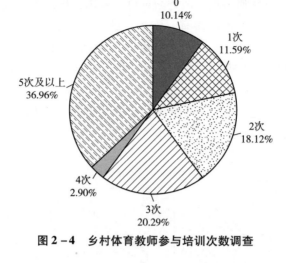

图 2-4　乡村体育教师参与培训次数调查

　　对乡村体育教师培训主要方式的调查结果可以看出，当前的培训方式主要还是以传统的校内听课、观摩、研讨等方式等为主。其中，选择听课（63.04%）和现场观摩（58.7%）、研讨互动（58.7%）、专家授课（53.62%）的都超过了50%的人数，而外出学习考察仅有34.06%的教师参与过。可见，当前的培训方式依然较为封闭，乡村教师和城市教师之间缺乏交流，乡村教师缺乏外出交流学习的平台（见图2-5）。

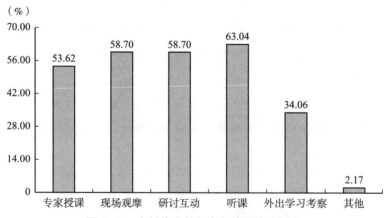

图 2-5　乡村体育教师参与培训方式调查

　　对乡村体育教师参与培训主要目的的调查结果可以看出，当前乡村体育教师参与培训目的仍是提高授课技术为主，其中，选择提高自身素质、提高教课技术的教师占55.07%，选择遵从上级部门和学校安排的教师占24.64%，选择顺应教育改革发展所需的教师占11.59%，选择晋升专业职务需要的教师占8.7%。可见，虽然当前乡村体育教师中愿意自主参与培训的占大多数，但仍有相当数量的教师参与培训仅仅是因为工作安排或职位需要，在乡村体育教师群体中还尚未形成普遍、系统地参与培训的自主意识（见图2-6）。

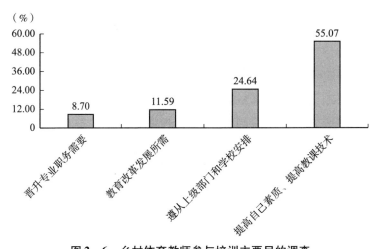

图2-6　乡村体育教师参与培训主要目的的调查

　　对乡村体育教师参与培训主要内容的调查结果可以看出，当前对乡村体育教师的培训内容仍是以理论和基本授课技术为主，其中，71.01%的教师参加过教育教科理论培训；72.46%的教师参加过学科专业技术培训；57.25%的教师参加过师德修养的培训；53.62%的教师参加过学科教课方法的培训；46.38%的教师参加过教师自身成长及职业规划培训；34.78%的教师参加过学科前沿热点培训。可见，在规划对乡村体育教师的培训内容时，应当更加注意加强与教师自身成长及自身职业规划有关的内容，还需注意要将教师培训与学科热点问题紧密结合（见图2-7）。

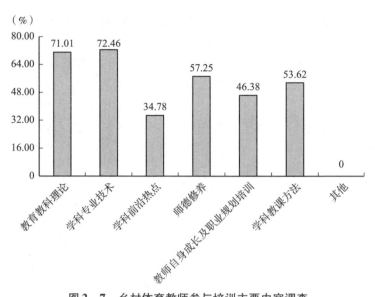

图 2－7　乡村体育教师参与培训主要内容调查

2.3　乡村振兴背景下山东省乡村体育 教师培训结果反馈分析

　　问卷中对乡村体育教师参与培训的反馈进行调查，从调查结果可以看出，在对现有培训工作的调查中，认为培训工作是有帮助的教师占绝大多数，其中，57.24%的教师认为培训工作的开展非常有帮助；36.96%的教师认为在培训工作中能受到启发，但工作中用不上；4.35%的教师认为培训结果是否有帮助无所谓；1.45%的教师认为培训工作并没有什么用。从这一结果可以看出，当前的培训工作还是存在很多问题，其中培训内容与实际工作脱轨这一点最为严重，因此，在后期对培训工作提出的对策中，要着重加强与教师的具体情况相结合，注重培训效果的提高，改善培训工作形式化的问题（见图2－8）。

　　在对培训结果存在的主要问题上，受访乡村体育教师给出了不同的答案。其中，42.75%的教师认为培训的方式方法不合适；36.96%的教师认为培训的管理和服务不合适；36.23%的教师认为培训时间不合适；31.16%的教师认为培训的目标不明确；23.19%的教师认为培训的内容不合适；10.14%的教师认为培训者不合适。所以在后续对乡村教师的培训方案中，应当更加注意改善传统的培训方式，加强培训的系统化管理，提高培训体验的满意度，另外还要注意强化培训目标，更新培训内容，并且在改变被训者观念的同时，也要加强对培训者的专业化培养（见图 2 - 9）。

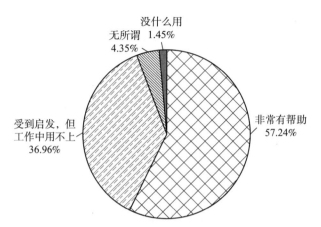

图 2 - 8　乡村体育教师对培训工作的评价调查

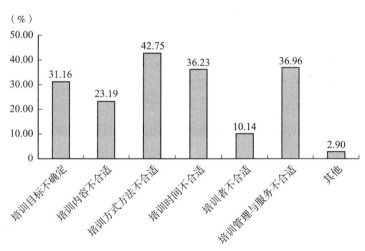

图 2 - 9　乡村体育教师对培训工作的意见调查

在问卷调查中，将"您对乡村体育教师培训有什么建议"设置为一道开放题，并对所有建议进行统一的关键词词频分析，可以看出，

"观摩""实际""实践""针对性"都是其中出现频率较高的词汇。对于加强专业化培训，有不少教师指出，要加强专业知识和技术的培训、推动教育专业信息化、加强对教学前沿的了解、注重专业技术能力的提升以及理论与实践的结合、增加专业素养与知识储备的培训。另外，在培训方式的优化上，受访教师们认为要结合乡村学校实际器材拥有量进行有目的性的培训、增加多媒体互动系统应用的知识、提高信息技术胜任力的培训、要注意多种专业技能的协调发展，以及要根据新思想新方法新形势结合乡村实际情况进行切合实际的培训。除此之外，还有教师提出对培训工作的新期待，比如怎样提高体育课的实用性和扩展性、多增加业务方面的培训特别是现代体育教育技术应用和最新的教学模式方面应当加大共享更多的优秀教育资源、推动热点项目与传统体育项目的结合、增加新兴体育项目及新教材内容的培训学习、加快思想观念的转变、提升对学生的精准教学的能力、结合乡村学校实际器材拥有量进行有目的性的培训，以及加强体育教师适应乡村生活的能力方面的培训等。这些建议直接反映出当前乡村体育教师对于培训工作最直接的诉求，这些建议也将作为本书研究的重要参考，以此提出具体的对策措施（见图 2 - 10）。

图 2 - 10　乡村体育教师对培训工作建议的高频词

第3章 乡村振兴背景下山东省乡村体育教师专业培训存在的问题

乡村振兴是我国的一项重要战略,旨在促进乡村经济、文化和社会发展。在这个背景下,山东省提出了加强乡村教育、推进乡村振兴的战略目标,其中,乡村体育教师专业培训是实现这一目标的关键因素之一。该领域主要面临以下问题。

3.1 培训观念落后

3.1.1 培训观念落后的产生原因

山东省乡村体育教师专业培训中存在观念落后问题可能有多方面原因。首先,一些教师可能缺乏更新观念的意识,教师自身存在专业素养与能力不足,自主发展意识与态度不足等问题,认为自己已经具备了足够的知识和技能,不再需要学习新的理论和实践。其次,一些教师可能对新观念持怀疑态度或者抵触情绪,认为这些新理念与自己的传统观念存在冲突,难以接受。教师想要取得自身专业的进一步发展就需要做到自身知识储备丰富、专业能力强劲,只有自身各方面能力不断提高,才能取得预期成果。同时,也可能存在一些教育培训机构的课程设计和培训方式不够先进、针对性不够强的问题,导致教师难以获得有效的学习和成长机会。

1. 边缘化观念

一直以来,体育学科的发展都受到传统"边缘化"观念的影响,在学校、家长和学生心中都不受重视，部分乡村地区这种偏见更加严重。应试教育下产生的落后教育观在很大程度上导致了部分人对体育学科产生了偏见，慢慢导致了体育学科的边缘化。用科学的眼光正确看待一个事物可以帮助其成长与完善，但一旦用偏见和漠视的态度来看待一个事物肯定会产生错误的行为进而阻碍其后续发展。部分家长认为，体育课就是集合跑步、打篮球、踢足球等，对孩子学习成绩的提高没有帮助，这种对待体育科目带有明显偏见的陈旧认知可能会使学生家长不允许孩子经常开展运动活动等，从长远来看对体育科目的发展产生了消极的作用；在乡村地区这种观念产生的影响可能会更大，导致体育学科更加得不到重视，边缘化严重，甚至会出现被其他科目老师占课的现象，种种原因的累加严重影响了乡村体育教师的职业发展和职业认同感。

从调查数据中可以看出，大多数乡村体育教师参与培训的目的仍是顺应工作安排或满足职位需要，参与培训的自主意识较低。许多老师认为"体育不过是学习之余的娱乐课程"，不能正确看待体育课的作用，占课、随意排课的现象较多。当地教育系统对体育学科建设的投资与其他科目相差甚远，这直接导致学校中师资队伍更新速度慢，教学结构不合理，专业培训的需求也比较低，体育学科也一直得不到快速发展的机会。学校内部轻视体育课程的现象也很显著，学生在这种"只要学好文化课就会有出路"的环境中，也逐渐产生对体育课程的漠视。因此，很多体育教师认为专业培训是可有可无的，并不会对授课带来太大的影响，专业培训也因此难以得到进展。乡村体育教师的职业素质和专业化水平直接影响乡村地区体育课程改革。此外，还存在乡村地区体育教师原始专业与所教学科不一致现象，存在非专业兼职体育教师代课现象，尤其是在交通不便的偏远山区及乡村。乡村体育教师缺乏进步意识，缺少对自己教学发展过程进行自我提高、自我审视的思维和能力，缺乏对自己教育教学进行检讨和自我批评的能力，缺少对自己教育教学水平和展望进行系统评估与分析调整的能力，缺少对自己教育教学发展目标的规划与设计的能力。

2. 观念更新受滞

山东省乡村体育教师专业培训存在着多种多样的形式，但整体培训效果表现不佳。影响培训效果的关键因素就是培训机构的培训观念没有做到与时俱进，大多沿袭数多年前的教师培训观念。经济发展水平的落后往往可能导致当地人们文化水平和教育观念的落后，我国已经开展素质教育工作多年，但今天仍有一些乡村地区的家长刻意忽略体育教育的重要性，认为学生学习的重心应当放在文化课的学习上，体育课是一种浪费时间的课程，因此造成很多地区学校教育呈现"重文轻武"的现象，甚至一些地区乡村学校校长对体育教学工作在学生全面发展中的作用和地位认识不够深刻。一些乡村学校因为位置偏远，体育教师又长期居住在消息相对闭塞的乡村，外出学习参加培训的机会很少。如若要求他们转变传统老师讲、学生听的单一传统模式，学习互教互学的小组式合作互助模式，改变会比较困难。乡村体育教师在乡村教育环节中不仅是指导者和参与者的身份，更应该是教学模式的研究探索者。现如今课堂授课模式多种多样，尤其是借助网络的力量的现代课堂模式让传统乡村体育教师适应过程变得越来越难、越来越长。大部分乡村体育教师，从教学理念、自身专业能力水平等方面都与现代社会课堂教学要求标准越来越远。落后的教学观念亟须改变。教育培训观念落后是影响乡村体育老师培训的主要因素之一。大部分乡村体育教师利用寒暑假时间集中到高校接受专业培训，但是实际效果并不好，原因在于高校虽然能够了解到当下最先进的培训教学理论，但由于乡村体育教师自身知识结构的局限，培训教师在培训过程中仍将培训工作的目标定位在乡村体育教师解决实际问题的能力上，没有关注乡村体育教师队伍专业素养的整体提高和可持续能力发展的培养，进而导致培训效果甚微。山东省乡村体育教师的培训专业化程度不够强，主要表现有：乡村体育教师培训还没有形成相关的体系，没有科学的教育培训理念支撑，缺乏针对性的乡村体育教师培训发展平台，专业培训人员任务过多、压力过大，这些问题都阻碍着培训工作的规模化和标准化发展。目前来看，乡村体育教师培训观念落后，不重视乡村体育教师的缄默知识。传统乡村体育教师的培训受限于客观主义知识的影响，过分强调客观的、价值中立的、公共的知识传授，体育教师个人的缄默知识不被接纳、认可和容许。在这种客观主义知识观念支配下进行的乡村体育教师培训追求的是普适性的理论知识，注重的是客观的知识体系。乡村体育教师在教学生活和授课环境中积累的经验、规律和反思等因不具备公众权威性而被排除在外，但在实际教学环节中主要是靠这些教师的缄默知识支撑完成。

3. 经济水平限制

经济水平的限制也导致了思想观念落后，偏远乡村地区经济条件的落后使乡村思想观念和认知水平也相对落后，即使在现如今国家推广素质教育要求德、智、体、美全面发展的今天，乡村地区依旧普遍认为体育教育可有可无，认为学生在学校只需要提高语、数、英等学科的考试成绩即可，更有甚者认为体育课是让孩子在学校"打打闹闹"耽误孩子考大学、浪费学习时间的课程，所以导致家长、老师和学校都向语、数、英等学科倾斜。乡村地区的教育观念中"重文轻武"广泛植根于人们的思想中。学生家长和社会如此认为，乡村学校虽也知道其中的道理但也不得不主动向其他学科倾斜默认了"重智育、轻体育"的策略，这种策略和观念间接使乡村中小学生学校体育时间严重不足，对体育运动和体育健康没有足够的认识，身体机能的稳定和身体全面的发展受到严重影响。乡村地区中小学领导没有认识到体育素质教育在帮助乡村中小学生更好地学习和生活，更健康地全面发展过程中起到的重要作用，为了保证学校的高升学率，忽视体育课程的开展和体育教育的重要性，在语、数、英等课程上不留余力花费大量精力，现实中经常出现"体育老师生病了、体育老师有事"等理由占用学生本就不多的体育课时间，有的学校直接不排体育课，将大课间和跑操时间算为学生体育运动时间，存在最多的情况是乡村学校学生长时间没有足够的体育时间参加体育锻炼，因为体育课被非体育学科的老师无故占用。缺乏受过专业体育教师培训的体育教师的情况也广泛存在于偏远地区的乡村中小学中，有一些学校体育课程都由其他非体育教师兼任。乡村中小学教育观念落后和经济水平不发达都是阻碍乡村体育教师培训的重要原因，在中小学学生阶段正是学生身体成长和精神旺盛的时期，孩子有无穷无尽的精力需要宣泄，加上学习压力的不断增加，充足的体育课为学生提供足够的体育运动活动是非常有必要的，不仅能帮助他们全面提高身体素质，缓解学习压力，还能帮助他们强身健体，帮助他们形成终身体育运动的思想，为以后的学习和生活打下坚实的基础。

3.1.2 培训观念落后的具体表现

乡村体育教师专业培训中存在的观念落后问题导致了以下现象的产

生：第一，这在一定程度上影响了乡村体育教师的教育思想影响更新和转变，乡村地区相对落后，文化教育水平较低，人们的观念相对保守，对新观念、新知识的接受速度较慢，培训观念的落后，加剧了教师教育思想的落后。第二，体育教育课程落后，乡村体育教师多数来自农村，具有传统的乡村教育经历和传统的教育观念，较难适应现代教育理念和教学方法，这就导致了体育课程较为保守，不能与时俱进。第三，无法正确使用体育教育设施，由于乡村地区教育资源匮乏，学校条件有限，导致乡村体育教师缺乏良好的教学环境和必备的教育设施，而培训观念的落后加剧了这一局面，这使他们难以及时了解新的教育理念和方法。解决这些问题的关键在于加强乡村体育教师专业培训，引导他们接受现代教育理念和教学方法，培养他们的教育意识和专业素养，同时也需要加强乡村地区的基础设施建设，提高教育资源配置水平，为乡村体育教师的专业发展提供良好的环境和条件。

3.1.3　培训观念落后的影响

观念落后可能会对乡村体育教师产生很多不好的影响。比如：（1）思想观念不开放：观念落后的人可能对新事物抱有排斥心理，对新思想难以接受。这可能会使乡村体育教师对新的教学方法、新的体育理念等持保留态度，导致教学内容和方法不能及时更新和改进，影响教学效果。（2）教学方法陈旧：传统观念落后的人可能会沿用老旧的教学方法，不愿意尝试新的教学方式和手段，导致教学内容单一、枯燥无味，难以吸引学生的兴趣，影响教学效果。（3）性别歧视：观念落后的人可能会存在性别歧视的思想，认为女性不适合从事某些工作，包括体育教育。这可能会导致乡村女性体育教师面临就业难题，同时也会使传统的男性体育教师难以接受女性教师的教学观念和方式，影响教学效果。（4）土地观念过于固执：观念落后的人可能会对土地有着过于固执的观念，认为乡村土地只适合种植而不适合发展其他产业。这可能会导致乡村体育教师在工作中面临环境不利、条件不足的问题，同时也会限制教师的发展空间和职业前景。观念落后往往会对乡村体育教师培训产生不良影响，具体表现有：（1）对乡村体育教师职业认知的影响：落后观念认为乡村体育教师是次要职业，这种观念容易导致人们对该职业的轻视，影响人们对乡村体育教师职业的认知和选择，从而影响乡村体育教师的数量和素质。（2）对教学内容的影响：落后观念认为乡村体育教学只是一项简单的体育活动，缺乏科学性和系统性。这种观念容易导致人们对乡村体育教学内容的忽视，从而影响乡村体育教师的教学水平。（3）对培训方式的影响：落后观念认为只有在大学或师范院校接受正规教育才能成为合格的教师，而忽视了其他形式的培训方式。这种观念容易导致人们对乡村体育教师培训方式的单一化和教育资源的浪费。（4）对教师职业发展的影响：落后观念认为教师应该一直从事教学工作，并不重视教师职业发展的多样性。这种观念容易导致乡村体育教师缺乏职业发展的机会和动力，影响其职业发展和创新。针对以上问题，需要加强对乡村体育教师的培训和教育，引导教师更新思想观念，提高教学水平。同时，也需要通过宣传、教育等方式，促进社会大众对乡村体育教育的重视和支持，建立健康的社会氛围。因此，需要通过改变观念、推动制度和提升教育质量等多方面努力，打破传统观念的束缚，促进乡村体育教师培训的健康发展。

32

3.2 培训形式单一

培训形式单一是指在培训过程中只采用了一种或很少几种培训方式，如只采用讲座形式进行知识传授，没有考虑到乡村教师的实际情况和需求。"单一"主要体现在形式单一、内容单一、方法单一等方面。

3.2.1 培训形式单一的产生原因

山东省乡村体育教师专业培训中存在的形式单一问题可能源于以下三个方面：一是传统的教育教学模式仍然占主导地位，培训形式以讲座、报告、试讲等为主，缺乏互动性和参与性，难以满足教师的实际需求；二是缺乏多样化的培训资源和手段，如缺乏适合乡村教师的在线教育平台和教育资源，无法满足乡村教师灵活性和自主性的需求；三是乡村教师的工作时间和工作强度相对较大，加上生活环境相对单一，培训形式单一也与他们的实际情况有关。针对这些问题，可以通过多种途径来丰富培训形式，例如建立线上线下相结合的培训模式，设置教师互动、集体备课等环节，提供优质的课程内容和资源，引入先进的教育教学理念和新技术，以提高培训的实效性和实用性。同时，也需要从政策上给予支持，例如减轻乡村教师工作负担，增加教师休息和培训时间，建立完善的培训机制等，以提高培训的针对性和灵活性。最终，通过这些措施的综合应用，可以改善培训形式单一的现状，提高乡村体育教师专业培训的质量和效果。

3.2.2　培训形式单一的具体表现

1. 培训形式单一

当前乡村教师所接受培训的主要形式有线上、线下两种。线上培训虽然有着培训时间灵活、成本低等优点，但也存在着内容过于统一、忽视教师个体需求的缺点；线下培训虽然培训效果明显好于线上培训，但也存在着普通教师参加培训的机会少、乡村学校财力紧张等缺点。乡村体育教师培训形式单一化，必然会影响乡村体育教师的个体性发展。乡村体育教师是乡村体育文化的主要传播者，是乡村体育教学事业发展的中坚力量，以课堂理论说教为主要培训模式过于单一，忽略了不同情境下乡村体育教师的个性特点。乡村教师由于其特殊的教学环境，既要开展教学工作，又要关注乡村留守儿童的心理健康与生活状况。在实际教学过程中可能遇到许多意料外的状况。乡村教师参加培训方面的工学矛盾较大，加之许多乡村学校地处偏远地区、交通不便、教师稀少、资源缺失，远程网络培训条件较差，以乡村学校为培训方主体的校本培训方式没有得到足够的重视，乡村体育教师自我学习效果较差。集中式的培训方式、专题讲座的培训模式导致乡村体育教师缺乏足够的时间与其他的参训教师交流。很多年长的乡村体育教师在实际的教学活动中有着丰富的教学经验，年轻教师与他们沟通交流探讨往往帮助更大。但不少培训机构忽略了这一宝贵的教学资源，培训方式仍保持单一形式。乡村体育教师培训方式往往比较单一，教授、专家讲座的形式占据大多数培训活动，这种形式的培训方式没有考虑到培训者和受训者之间的交流互动，最终单调乏味，难以激发参训教师学习的热情和激情，培训内容也缺乏相关实践能力的培训，以理论为主。实际情况下乡村体育教师关心的是怎么解决自己在教学过程中遇到的问题，并提高课堂的教学效率和质量。单一形式的理论培训形式不仅单调，还会使参训教师越来越感觉内容偏离自己的实际需求，很难将培训内容吸收消化并融入自己的教学实践过程中，使理论培训更得不到乡村体育教师的认可，培训越来越缺少积极性。解决问题、分析教学案例、观摩实际教学情况这些才是与乡村体育教师密切相关的培训内容。如今教师的培训方式多为以学历提升为主，一些培训机构甚至设计硕士学位作为培训课程，在短短的几个月时间修完硕士课程，这种形式的培训方式与乡村体育教师的培训方式南辕北辙，参加培训的教师培训课程压力过大。

2. 培训内容单一

培训内容的单一也是导致形式单一的主要原因之一，只重视某些理论知识和教学技能的传授，缺乏实践性和针对性，忽略了培养参训教师的自主学习能力和综合素质，这种培训方式往往难以提高乡村体育教师的教学水平和实践能力，不能很好地适应乡村教育的特殊环境和需求。

3. 培训方法单一

通过调查可以看出，当前在对体育教师的专业培训中，培训方法一直得不到有效创新，大多数培训仍然以传统的听课、观摩等为主，教师局限于在学校内部进行听课研讨，与专家单向教授这样的方式，这不仅让教师对专业培训的兴趣减弱，同时也无法发挥培训工作对教师全方面发展的重要作用。从调查结果中可以看到，当前的专业培训方法并不能随着时代发展而进步，培训者也没有掌握合理运用现代化技术的能力，信息媒体在对乡村体育教师的培训中几乎不会出现，尤其是乡村教师的培训拘泥于在学校内部开展进行，教师缺乏外出研讨的机会，提供给乡村体育教师的研习平台非常狭窄，教师参与培训的积极性下降，实际培训效果也得不到提升。因此，在调查结果中，才会有相当一部分教师认为，培训工作虽有一定帮助，但并不能应用到实际的工作中。

同时，培训工作未能很好地利用国家资源，国家教师教育课程资源专家委员会于2004年建立了国家教师教育资源数据库网站，现为"国家教师教育课资源网"。然而，由于缺乏统一的教育标准，乡村教师网络专业教育建设还没有一个理想的平台。乡村地区教育资源和设施相对匮乏，很难提供良好的教育条件和环境。这会给乡村体育教师的专业发展和实践带来一定的困难，限制了乡村教育的发展潜力。例如，通过支持此类网站、资源共享和教师个人学习档案的跟踪记录，可以提供远远超过网络培训平台的培训和验证功能。目前，教育行政部门继续组织教师培训，使用先进的教育技术和网络资源，但只能采取面对面的集中教育交流模式。只有一个权威、统一、全面的中小学教师专业乡村基础教育网络教育平台。因此，乡村教师培训需要继续加强网络培训平台建设，提高培训方式的灵活性，解决乡村教师培训中长期存在的工学矛盾问题。乡村体育教师专业培训缺乏现代化的教学设备和教学手段，如多媒体教学设备、网络教学平台等，无法满足学生现代化教育的需求。应该注重引进和开发现代化的教学设备和教学手段，提高教学质量和效果。

3.2.3 培训形式单一的影响

乡村体育教师的培训形式单一会导致以下影响。

1. 学习积极性不高

培训形式单一，可能使培训内容过于枯燥乏味，难以激发乡村教师的学习热情和兴趣。不利于知识的深入理解，如果培训只采用了讲座形式，乡村教师可能只是简单地接受知识，难以深入理解和掌握相关知识和技能。

2. 难以满足不同学习风格的需求

乡村教师的学习风格和方式存在差异，如果培训形式单一，可能无法满足不同学习风格的需求，从而影响培训效果。因此，为了提高乡村体育教师的培训效果，应该在培训过程中采用多种形式，如讲座、研讨、实践操作等，满足不同学习风格的需求，同时注重培训内容的实际效果和针对性，使乡村教师能够真正掌握相关知识和技能。

3. 教学效果不佳

传统的培训方法往往只强调知识的灌输，缺乏互动、体验式的学习，难以调动学员的积极性和主动性，导致培训效果不佳。

4. 费用高昂

传统的培训方法通常需要租赁场地、购买教材、雇用讲师等，费用较高，对乡村教师而言可能会产生负担。时间成本高，传统的培训方法通常需要学员集中到一个地点进行集中式的培训，需要占用学员大量的时间，不便于乡村教师的参与。

5. 缺乏灵活性

传统的培训方法通常是定期、固定地开展，缺乏灵活性，不能根据学员的实际需求进行个性化的安排和调整。

综上所述，传统的培训方法可能会对乡村体育教师培训产生诸多不利影响，因此需要借助现代科技手段，采用更加灵活、高效、个性化的培训方式，提升培训效果和效率。

3.3 培训内容不实

在对培训结果的反馈分析中可以看出，许多教师认为培训内容在实际工作中并没有起到帮助作用。出于对体育学科的漠视，一些学校并没有按照教育部门的有关规定对乡村体育教师进行培训，很多老师认为，体育课在其他科目需要的时候，是可以适当占用的，更何况是培训工作，正是这种想法导致对体育教师的培训不能按照要求正常进行。

3.3.1 培训内容不实的产生原因

乡村体育教师培训课程的内容是培训的核心所在，直接影响着最终展现的培训效果。但根据调查结果显示，山东省乡村体育教师培训课程的主要内容为体育理论科目的学习，具有实践意义的课程并没有太多安排设计。目前来说，山东省乡村体育教师培训的方式多为脱产或集中培训，培训课程的设计多为高校专家团队，在设计培训课程的时候多以高校学科体系作为参照，课程设计围绕体育学科理论和学科知识为主。不同培训教师在进行不同部分的培训教学工作时，往往都会引用一些前沿的教学理念或成果，虽然宣扬先进的理论和知识会一定程度上提高参训教师的理论知识水平和学科素养层次，但是学习超出参训教师原有知识认知背景之外的理念，可能会产生断层式的"学用隔离"效果。很多参加培训的乡村体育教师都表示培训组织方安排的专家授课都很好，内容也都能得到认同，但基于乡村教育的特殊性，可能所讲的内容很难应用到他们日后的实际教学中。学了但是不管用，一定程度上会影响参训教师的积极性，理论与实践的脱离必然会影响最终培训的效果。同时，还有不少参训教师表示参与的培训活动就只有专家讲座这一种形式，基本上都是复刻本科课堂教学的老师讲、学生听的模式，单一的培训形式影响着参训教师的积极性和热情，这种问题也出现在乡村教师进名校和"国培计划"中，根本不符合成人继续教育的需求和特点，很容易打击参加培训的教师积极性。

3.3.2 培训内容不实的具体表现

1. 培训内容无法满足教师需求

目前大部分开展的相关乡村体育教师培训课程都是由培训教师决定的，没有全面了解乡村实情和参训教师的主体需求，培训内容较为空洞，照搬城市学校体育教师培训课程是行不通的。设计培训内容要从多个角度出发，理论培训和素质教育培训要同步进行。教学内容是教学活动中的一个重要因素，直接关系到教学效果。乡村教师培训的缺乏，忽视了教师自身的发展和教师职业的长期坚持。教师教育的实际效果不明显，同时对参训教师教育教学的指导意义不显著，许多教师的实际教学能力和综合素质没有得到明显提高。从宏观上看，这是由于乡村教师培训缺乏顶层设计、培训不足、培训分散，缺乏系统的、整体的思维和整体设计所致。培训的结果几乎是自成体系的，缺乏对之前的培训成果总结和反馈。培训方案和主题通常是由每个项目的负责人根据自己的经验和判断来设计。由于缺乏调研和需求分析，我们没有过多考虑是否有必要，是否完成了培训。乡村体育教师专业培训缺乏针对性的培训课程和内容，不能满足不同地区、不同学校、不同年龄段学生的需求。应该根据不同的需求，开发多样化、个性化的培训课程和内容，提高培训的针对性和实效性。

在教学学科方面，一般乡村学校只重视文化课如语文、数学等主要学科，对音、体、美等学科缺乏相应的关注，尤其是对体育学科重要性的忽视，忽视了乡村学生的全面素质的整体发展，现阶段的乡村教师培训内容针对性较弱，考虑不到乡村学校在教学活动开展的过程中实际遇到的问题与情况；其次，一些年轻的"三支一扶""特岗教师"的乡村教师教学经验不足，需要的是教学实践方面的培训内容，而年龄稍大些的乡村体育教师教学经验虽然丰富，但对新的教学理念、观点、技术等存在认识盲区，难免有畏惧或抗拒心理。统一的培训内容不能满足不同参训乡村体育教师的个体需求，培训内容不针对分开进行，培训效果大打折扣。现在进行的乡村教师培训课程内容与乡村体育教师的实际个体需求不对等，培训内容一般都为培训机构基于自己培训教学经验设计考量，没有建立在乡村体育教师的实际需求上，缺乏实践意义。不同的培训机构相互独立存在，没有必要的交流沟通和资源分享，这样的后果耗费了大量的培训资源但培训效率很低下。

2. 培训内容脱离实际

当前，对乡村体育教师的培训多是在一些高校或研究机构聘请的专家的专业水平相对于乡村体育教师的知识水平可能过高，过于注重培训内容，此外乡村学校学生的整体水平低于城市学校的学生，而培训教学内容基本以城市学生水平为基础对乡村教师进行教学，因此，在教学结束后，乡村教师很难学习并将教学内容应用到实际教学中。另外，教学内容也存在理论背离实际的问题，教育专家倾向于居高临下地向农村教师"推销"理论和展示新成果，缺乏将乡村教师的教育问题、教育需求放到重点位置等考虑。培训中存在的不足主要是缺乏乡村教师想要反映的乡村学校学生学习习惯差异、学习自主性、自信心缺乏等问题，如培养乡村实践型学生的学习习惯和学习态度等具体操作方法培训。在培训目标的设计上，由于乡村教师的短缺，教师培训的内容趋于城市化。实际培训内容可以满足乡村教师的教学需求，但不能满足帮助乡村教师解决实际问题的目的。在实际培训中，"培训不用武"的情况比较严重。乡村教师培训参与效果不同，培训参与积极性降低。乡村体育教师专业培训应该包含丰富的课程内容，包括体育理论、体育技能、教育心理学、体育教学方法、体育管理等多个方面。但是目前，一些培训机构的培训内容单一，缺乏系统性和全面性。有些培训机构仅仅是培训一些简单的体育技能，忽略了教育心理学等重要知识。

3. 培训内容不具备实践性

研究发现，部分乡村教师缺乏参加培训活动的主动性和积极性，对继续学习和职后培训缺少热情。首先，由于地域或经济因素，省级或国家级体育师资培训较少惠及乡村体育教师；培训内容与参训教师个体需求没有对应关系，导致参训乡村体育教师很难将培训所学运用到自身的教学过程中。造成培训活动实践意义不足的原因主要在于培训教师的培训活动没有及时更新完善，与当前教育理念和培训方针相违背。其次，由于体育老师大多不是专职，其自身专业知识和学科素养都不能达到标准，很多人认为体育学科并不是什么需要专业人才的课程，对体育老师的培养并不重视，这导致对体育教师的培训内容无论是量还是质都无法达标，体育教师的培训逐渐变得形式化起来，很少有人在意真正的培训成果。

当前，乡村体育教师专业培训机构较多，但其培训质量和水平却存在差异。一些机构在教师培训的理念、方法、内容等方面存在较大问题，培养出的教师难以满足实际需要，甚至可能适得其反。因此，应该建立统一的评估标准和考核机制，对乡村体育教师专业培训机构进行严格监管，确保教师培训的质量和水平。乡村体育教育需要跨越多个学科，如体育、心理学、教育学等，但目前乡村体育教师专业培训缺乏对跨学科知识的培养，导致乡村教师体育教育的综合素养和跨学科视野不足。因此，应该加强对教师跨学科知识的培养，提高教师的综合素养和跨学科视野，为乡村体育教育的发展提供更加全面的支持。乡村体育教育是一项实践性很强的工作，但是目前乡村体育教师专业培训缺乏对教师实践能力的培养，教师的实践经验不足，往往难以应对实际工作中的各种挑战和问题。因此，应该加强对教师实践能力的培养，提高教师的实践经验和能力，为乡村体育教育的发展提供更有力的支持。事实上，很多培训活动组织方忽略了参训教师的主体参与性，拥有着丰富教学经验和教学案例的教师本身就是很好的教学资源，提升他们的参与程度和获得感，将会对培训效果的提高产生推动作用。

4. 培训内容缺乏相关专业知识

乡村体育教师群体中掌握系统完整学科知识的占比较低，甚至存在其他任课老师担任体育课老师的情况。体育学科框架知识和逻辑不清晰、理论观念不能及时得到更新等问题是当前解决乡村体育教师队伍素质的重点。乡村体育教师专业培训，应当着重培养受训教师基础理论观念，只有在掌握好系统全面的学科知识的基础上，才能促进其他能力的提升。

（1）相关培训内容缺乏对乡村文化的挖掘。当前，教师对于乡村文化知识的了解程度较低，平常大多按照书本案例进行讲授，很少有创新。在讲授知识时与农村自然、人文和社科知识的联系不足，缺乏实际生活的传承。中华民族传统文化起源于农耕文明，承载着中国人的情感寄托。因此，在对乡村体育教师进行专业培训时深挖乡村文化与学科知识的联系，对于乡村教育进步有着重要的意义。

（2）缺乏法律知识方面的培训。山东部分乡村体育教师掌握学生保护和发展相关的法律法规知识能力不足，仅仅停留在对教育基本法的浅层认识上，仅靠规章制度执教，法律意识淡薄，可能会出现言语侮辱或变相体罚等不良现象。当前的乡村教师培训多倾向于告知如何处理事件，缺乏对教师未雨绸缪能力的锻炼。乡村体育教师的法律意识水平的高低事关乡村教育事业的健康发展，因此今后对山东省乡村体育教师的法律意识培养就显得至关重要。

（3）缺乏心理健康方面的培训。山东省部分乡村体育教师对于心理学相关理论知识掌握的程度较低，多半认为这方面理论过于抽象，且实用价值较低。而实际教学过程中，特别是近些年，学生心理焦虑、心态失衡、自闭等现象层出不穷，而教育学和心理学可以很好地感知学生的身心发展规律和心理活动。因此，该领域的专家和老师应当对乡村体育教师进行针对性的培训，在教学中因材施教、关心关注学生成长规律，才能真正为学生排忧解难，从而提升教学质量。

（4）缺乏培养奉献乡村教育事业的信念感。一直以来，教师愿意扎根乡村、为乡村教育事业奉献终身的信念感不强，原因包括乡村基础设施陈旧、交通出行不便、生活质量较低、娱乐方式较单一等。加之城乡财政分配不均衡，导致乡村教师工资水平较低以致难以满足生活需求，不得已离开农村去往城市工作，服务乡村的信念感受外界因素影响较大。因此要在培养和激发乡村体育教师信念感上下功夫，对增强乡村体育教师的信念感和推动山东省乡村教育事业的健康发展是十分必要的。

（5）培训活动缺乏实践与理论相结合的培训模式。当前的乡村体育教师专业培训往往存在实践与理论脱节的问题，缺乏实践与理论相结合的培训模式。乡村体育教师专业培训应该贴近实际教学需求，通过案例分析、实践操作等方式，将理论知识转化为实践技能，增强培训效果和实用性。

（6）培训过程缺乏互动性和参与度。现有的乡村体育教师专业培训往往缺乏互动性和参与度，培训形式单一，缺乏互动交流和互动学习的机会。乡村体育教师的学习兴趣和积极性难以得到激发，影响了学习效果和成果转化。

（7）培训缺乏国际化视野和教学资源。目前山东省乡村体育教师专业培训缺乏国际化的视野和教学资源，无法满足全球化背景下乡村体育教育的需求。应该注重引进和开发国际化的教学资源和课程，拓宽师生的视野，提高其教育教学水平。

3.3.3 培训内容不实的影响

乡村教师在参加培训的过程中经常被定位为"弱势群体"，是城市教师的"模仿者"。进行乡村体育教师培训的培训教师大多是具有丰富教学实践经验的高级知识分子，培训内容侧重理论基础，没有考虑到乡村体育教师的工作环境、文化水平程度、教学方式、授课形式、课程安排等因素的影响，使乡村体育教师对这些理论知识难以理解并贯通，同时也缺少具有实践性质的课程安排，培训效果达不到预期效果。不仅如此，培训活动对参训教师的新教学技术的培训较少，部分乡村教师的多媒体知识比较匮乏，网络教学资源了解甚少，实际教学效果大打折扣。从全国来看，目前乡村教师培训仍存在一定的问题，大多为花费大量财力，粗浅地听报告等，这些专题报告虽然初期看起来效果不错，但最终大多因为与实际需求不匹配而结束，持续效果不长，导致乡村体育教师培训效果与质量最终难以保证。大多数乡村体育教师培训开展的过程中没有重视教师发展是一个连贯性的、持久的过程，培训内容设计方面不够全面和系统，培训形式多是一些为了应付上级要求而开展的简单培训活动，培训内容较为松散，缺乏具体性、系统性和连贯性设计，每次的培训活动都是独立的，与先前进行培训活动内容上没有任何的关联和呼应。而且一般乡村体育教师在培训中处于"文化弱势者"的身份，在其他城市学校面前永远都是学习者的身份，并且落后的教学环境和稀缺的教学资源与其他老师不对等。培训活动的主题和内容都是由不同的培训负责人所设计，往往是根据自身的经验和判断做出的，进而导致培训内容缺乏针对性，影响乡村体育教师培训活动的培训效果。

3.4 培训模式陈旧

3.4.1 培训模式陈旧的产生原因

因为受到当地经济发展水平的限制，以及乡村传统思想观念的影响，体育学科的教学改革一直没有彻底进行。因体育教师缺乏相对应的培养平台，对培训模式的设定一直遵循着以往的固有模式，不能将体育学科前沿知识和国内外相关先进理论融入实际的体育学科培训中，培训模式的发展受到很大局限。另外，从调查结果可以看出，乡村体育教师参与培训的次数差距很大，这说明当前尚未形成规范合理的乡村体育教师培训模式，培训工作依然具有很强的随意性，培训工作安排相对来说也比较杂乱，相关培训工作不能按规定运行开展。造成这种模式陈旧的原因主要有以下三点：首先，传统的培训模式长期存在，导致人们对新型培训模式缺乏认识和实践经验。其次，教师培训机构、学校等没有对新的培训模式进行充分研究和实践，缺乏推广和实践的机会。最后，受经济、技术等因素影响，教师培训机构也存在一定的经费、技术等方面的限制，无法在短时间内大规模开展新型培训模式。因此，为了解决这种模式陈旧的问题，需要从多方面入手，如加强对新型培训模式的研究和推广，提供充足的经费和技术支持，培养师资队伍的创新意识和实践能力等。

3.4.2 培训模式陈旧的具体表现

（1）山东省乡村体育教师专业培训中存在的模式陈旧问题，主要是指培训模式缺乏创新和多样性，一直沿用传统的讲授式、研讨式、经验分享式等模式，而缺少更加实践性和互动性的教学方法。在这些模式中，讲师通常以传授知识为主，学员被动接受，缺少互动和参与。这种模式不仅缺乏足够的创新，也无法激发学员的学习热情和参与度，培养出的教师难以在实践中运用所学知识和技能，对教学效果和教育质量的提升作用不大。在过去，乡村体育教师专业培训往往采用传统的教育教学方法，如课堂授课和文献阅读等方式，培训内容也较为单一，主要注重技能的传授，忽视知识和素质的提升。这种培训模式已经无法适应当今社会和教育发展的需要，不能满足乡村体育教师专业发展的要求。此外，由于传统培训模式的单一性，乡村体育教师缺乏多元化的培训机会和培训资源，无法了解最新的教育理论和实践成果，也难以接触到更广泛的教育资源。这不利于他们的职业发展和提高教育教学质量。

（2）乡村体育教师专业培训缺乏实践教学和教育实习机会，无法满足学生的实际需求。应该加强对实践教学和教育实习的支持和投入，为学生提供实践机会和锻炼机会，提高其实践能力和实际操作水平。乡村体育教师专业培训缺乏职业发展机会，很多教师在毕业之后，由于缺乏职业发展前景，往往无法留在乡村岗位上。应该加强对乡村体育教师的职业发展支持，提高其职业发展前景和晋升机会，吸引优秀人才留在乡村从事体育教育工作。国际上已经建立了比较成熟的体育教育体系，而目前乡村体育教师专业培训的教育体系与国际接轨还有很大的差距。这使我国乡村体育教育难以与国际接轨，无法更好地参与国际体育教育的交流与合作。因此，应该加强与国际接轨的意识，通过引进国际先进的教育理念和体系，不断提高乡村体育教育的水平和质量。目前乡村体育教师专业培训中缺乏教育教学理念的创新和更新，教师教育过程中的教育教学模式较为单一，缺乏多元化和创新性。因此，应该加强对教育教学理念的研究和探索，发展新的教育教学模式，推动乡村体育教育的不断创新。

（3）乡村体育教师的培训大多缺乏针对性，忽略了乡村体育教师教学环境的特殊性、缺乏课程理论与实践授课的相结合。当前教师培训的主要模式与措施是短期集中省级培训，一般来说无法满足乡村体育教师培训的高质量发展。这种乡村体育教师培训方式忽视了乡村教师自身授课环境、教学群体背景、当地教学资源和教师自身知识认知结构等方面的差异化，导致当前的乡村体育教师培训内容呈现出规律性、规定性和普遍性。而且现在的乡村体育教师培训对象主要针对骨干教师，培训活动并不能带动乡村体育教师整体质量的上升。乡村体育教师培训模式是培训教师传递培训内容的形式，是培训双方之间进行有效沟通的媒介，是将培训所学内容真正吸收并灵活运用到解决实际工作中遇到的教学实践问题的关键环节。目前的乡村体育教师培训模式大多以"满堂灌输"的形式存在，多数培训教师都在蒙混过关，以致乡村体育教师培训效果一直没有突破性进展。乡村体育教师专业培训的课程设置与实际需要不够相符合，教学内容和形式不够贴近乡村实际情况，不能有效地解决乡村体育教育面临的问题，也无法提高乡村体育教育的质量。因此，应该重新审视课程设置，根据实际需要制订合理的教学计划和课程体系，确保培养出适应乡村体育教育需要的专业人才。

3.4.3　培训模式陈旧的影响

体育教师培训模式陈旧对乡村体育教师培训有着重要的影响。随着时间的推移，体育教育领域出现了新的教育技术和教学方法，如信息技术、跨学科教学等。然而，乡村地区的体育教师培训内容往往过时，缺乏新技术和方法的介绍和应用，难以满足当今时代对体育教育的要求和需求。这种情况可能会导致乡村地区的体育教师缺乏必要的知识和技能，无法充分发挥其教学效果。因此，应该加强对乡村体育教师培训模式的更新和改进，引入新的教育技术和教学方法，使其更好地适应时代的要求。同时，乡村地区的体育教师应该积极学习新的教育技术和教学方法，保持自身的专业能力和竞争力。

3.5　培训目标定位不明确

3.5.1　培训目标定位不明确的产生原因

山东省乡村体育教师专业培训中存在的培训目标定位不明确问题，可能存在以下七个方面原因：（1）缺乏具体可操作性的培训目标：培训机构可能没有充分了解乡村体育教师的实际需求，因此无法针对性地为他们制订具体可操作性的培训目标，导致培训效果不理想。在制订培训计划和方案时，可能存在培训目标设定不够明确的情况，导致培训内容和方式不够精准。（2）培训目标与现实脱节：有些培训机构在制订培训目标时可能只考虑了纯理论层面，而忽视了实际情况和教师的实际需求。这样的目标制订不够实际，也不符合实际需求，因此培训效果可能会打折扣。（3）培训机构目标与教师期望不一致：有些乡村体育教师可能已经有了自己的职业规划和培训需求，但培训机构却未能充分考虑这些需求，导致培训目标与教师期望不一致，无法达到预期效果。（4）培训机构内部管理不当：培训机构内部管理不当也可能导致培训目标定位不明确。例如，培训机构可能缺乏有效的调查研究、评估和反馈机制，导致无法了解教师的实际需求和培训效果。（5）个别培训机构或培训师资水平不高：部分培训机构或培训师可能没有经过充分的专业培训和实践经验积累，无法准确地把握乡村体育教师的培训需求和目标，导致培训内容的针对性和实用性不强。（6）缺乏有效的培训评估机制：在培训过程中，缺乏有效的评估机制和反馈机制，无法及时了解培训效果和乡村体育教师的反馈意见，难以对培训目标进行及时调整和优化。（7）缺乏专业的培训管理人员：在培训机构中，可能存在管理人员水平较低或缺乏专业管理能力的情况，无法对培训目标进行科学规划和实施，导致培训效果不佳。

45

3.5.2　培训目标定位不明确的具体表现

培训目标设立脱离实际。在某种意义上，培训目标的设定决定了培训活动的内容和形式及其有效性。制订与培训内容相适应的培训目标是确保培训有效的重要前提。目前来看，乡村体育教师的培训目标与乡村教师的实际情况相去甚远，培训目标的设计也没有根据乡村教师的实际情况有效制订。乡村教师的教学环境与城市教师有很大的不同，他们需要更多的培训指导来有效地应对这部分学生的不同需求，例如，如何通过心理咨询方式教育他们，等等。但现有的培训却很少涉及这方面，许多乡村教师培训方案是为城市教师培训目标而设计的，目标不明确，培训结果难以实现。不同乡村地区的经济、文化、社会环境有着明显的差异，不同乡村体育教师的专业水平和需求也各不相同，然而，目前的乡村体育教师专业培训往往缺乏针对性和差异化，不能根据不同地区、不同人群的需求和特点进行量身定制，这会影响培训效果和乡村教育的质量。

3.5.3　培训目标定位不明确的影响

当前，山东省多数乡村体育教师的教学经验比较丰富，教学经验越多，参与教育的意愿越低，对教育的需求也就越不同。例如，年长的乡村教师希望开展创新教育培训并与学生交流，而在培训过程中经常会忽视乡村各级教师的培训需求，存在培训目标不明确的问题，只有明确了教育目标，才能制订出合理的教育计划，从而开展高效的乡村教师培训，否则，培训将流于形式，对乡村教师的发展起不到应有的作用，反而会导致乡村教师对培训产生负面情绪。乡村体育教师培训目标不明确会对培训产生以下影响：（1）缺乏针对性：乡村体育教师的培训目标不明确，缺乏针对性，培训内容无法有效地满足他们的实际需求，不能提高他们的教学水平和综合素质。（2）培训资源浪费：缺乏明确的培训目标，会导致培训资源的浪费，包括时间、人力和资金等。（3）学习动力不足：明确的培训目标可以激发学员的学习动力，增强学习的积极性和主动性，而目标不明确会导致学员的学习动力不足。（4）评估困难：没有明确的培训目标，评估乡村体育教师培训的效果也会变得困难，无法进行科学合理的评估和反馈。因此，为了提高乡村体育教师的培训效果，应该制订明确的培训目标，根据实际需求开展有针对性的培训，提高培训效率和效果。

因此，为了解山东省乡村体育教师专业培训中存在的培训目标定位不明确的问题，需要培训机构充分了解教师的实际需求，制订具体可操作性的培训目标，并在培训过程中加强教师与培训机构的沟通和反馈。同时，需要改进培训机构的管理体系，确保培训目标和实际需求相符，增强培训效果。

3.6　培训评价方式不具激励性

培训评价是对培训的有效监督和激励。评价工具在乡村教师培训中没有得到充分运用。培训评价包括培训方案本身的评价、参与教员的评价和培训专家的评价。当前乡村体育教师专业培训往往缺乏有效的考核与评价机制，缺乏对培训成果的实际效果评估，导致培训成果无法转化为实际教学能力和实际运用效果。因此，应该建立科学、合理的考核和评价机制，从学员的知识水平、能力水平、实际教学成果等多个方面考核和评价培训成果。目前乡村体育教师专业培训缺乏科学的教师培训评价机制，教育培训机构的培训质量无法得到有效的评估和反馈。因此，应该建立科学的教师培训评价机制，对教师的培训效果和质量进行评估和监控，为教育培训机构提供改进的方向和动力。目前乡村体育教师的评价机制不够完善，常常仅仅是基于学生考试成绩等简单的指标进行评价，难以全面地反映教师的教学水平和教育贡献。因此，应该建立科学、全面、有效的乡村体育教师评价机制，评价标准应该更加符合实际需要，能够激励教师积极投入乡村体育教育中，提高教育质量和水平。

3.6.1　培训评价不具激励性的产生原因

山东省乡村体育教师专业培训中存在的乡村教师培训评价方式不具有激励性的问题，主要与以下三个方面有关：（1）评价标准过于单一：可能只以课堂表现为主要评价指标，缺乏对教师实际教学成效的评价，导致教师缺乏获得成就感和自我肯定的机会。培训机构或者相关部门设置的评价指标可能过于单一、刻板或者不适合乡村教师的特点，从而导致评价结果不具有激励性。比如，只注重课堂教学效果、知识技能的掌握，而忽略了教师的教学态度、教学方式、课程设计等因素。（2）缺乏个性化评价：乡村教师个人情况和职业发展需要的不同，而传统的评价方式无法满足不同教师的需求。有些教师希望提升自己的理论水平，有些教师则更注重实践技能的提升。评价方式的过于形式化也可能导致评价结果不具激励性。比如，只是简单地填写一份问卷、打分或者签到，而忽略了对教师实际表现的全面观察和评价。（3）缺乏长期评价机制：只有短期的培训评价，难以评估教师长期的职业发展和能力提升，也难以形成长期的激励机制。缺乏及时、有效的反馈机制也可能导致评价结果不具有激励性。乡村教师可能对于培训机构或者相关部门的评价结果不知道如何改进自己的教学能力，缺乏针对性的指导和支持。

3.6.2 培训评价不具有激励性的具体表现

（1）大多数培训机构组织方开展培训项目都只是走形式般地给参与人员一份简单的调查问卷或量化评价表，虽说目的都是收集此次关于此次培训活动的信息，但后续并没有得到重视和及时的分析，没有从一个专业的角度进行分析和处理这些问题，培训活动的后续完善与改进工作停滞不前。乡村体育教师培训活动的培训工作对参训教师的评价往往都局限于培训内容，培训活动一旦结束，培训组织方对参训教师便不管不顾，但培训活动的结束才是乡村体育教师后续教学生涯的开始，培训评价要更加针对实际培训效果，不能简单应付了事，不仅会严重打击乡村体育教师参与培训的积极性，同时也影响乡村体育教师培训事业的发展。教师对培训的评估通常只包括出勤记录和作业分数，这大多是流于形式的。出勤考核中，培训教师经常"开后门"，没有如实记录每日出勤人员，未能实现对参训教师考核进行监督和激励的效果。教师培训效果评价通常是一种简单的总结性评价，所有实习教师均按量化标准进行考核，这种单一的评估方法忽视了参与培训的教师是发展中国家的乡村教师这一事实。与此同时，乡村教师评价缺乏连续性和一致性。对参训教师来说，往往获得培训结业证书就意味着培训的结束，而培训的实际效果和后续工作却被忽视，严重影响和制约了乡村教师参与培训的心态和积极性。乡村体育教师专业培训缺乏合理的评价机制，评价标准不够科学和合理，导致教师无法得到合理的评价和指导，同时也使教师的培训质量难以得到有效的提高。因此，应该建立科学合理的评价机制，制定明确的评价标准，对教师和学生的培训成果进行科学评价，促进乡村体育教师专业培训的不断提高。

（2）对培训项目本身的评估更是缺乏。在培训项目结束时，没有一个正式的评估机构负责由谁来评估项目以及如何使用结果。它们大多象征性地要求参与培训的教师填写一份关于培训的评估表。评估形式多为培训项目负责人所有，但对项目负责人没有评估和限制机制。在培训专家的评价方面，由于缺乏严格的教师培训师资标准，目前对培训专家的评价多为教师对培训专家满意度的问卷调查，无法准确判断培训专家的培训质量。而且，教师提交的作业很难反馈给培训专家。即使反馈给培训专家，也经常被搁置，评估也没有发挥应有的作用。

3.6.3　培训评价不具激励性的影响

乡村体育教师培训过程是一个系统、连续的过程，不仅需要科学合理的管理体系保证培训的实际效果；同时也需要建立完善、专业的乡村教师培训评价体系，这个体系针对的不仅包括参加培训的乡村体育教师，还包括参与此次乡村体育教师培训项目的所有相关人员和培训前中后项目。完善的评价体系和方法不仅可以对参训教师起到激励作用，调动他们认真参加培训的积极性，还可以对此次开展的全部过程做好回顾形成反馈，针对已有项目课程的安排做好改进更新，并根据参训教师的意见和需求设计添加新的课程内容，在一定程度上保证此次乡村体育教师培训工作的连续性。但针对山东省乡村体育教师培训来看，培训评价方式并不具备明显的激励性。大部分的参加培训的体育教师培训评价方式多为报告、课堂点名、签到等形式，参训教师和培训教师都没能认真对待，流于形式，展现不出评价体系的作用。乡村体育教师培训不仅仅要包括对培训活动本身的评价和对参加培训的体育教师的评价，乡村体育教师培训项目的人员组成、过程设计和贯穿培训活动始终的评价体系是一个完整的过程，但目前看来，山东省多数乡村体育教师培训活动没有重视后续进行的评价活动。

以上是乡村振兴背景下山东省乡村体育教师专业培训存在的一些问题。这些问题需要通过政府、教育机构、培训机构、乡村体育教师等多方合作共同解决。解决这些问题需要各方共同努力，政府应该加强对乡村体育教师专业培训的支持与投入，教育机构和培训机构应该提高培训质量和效果，乡村体育教师也应该积极参与培训，提高自身素质和能力。只有通过各方共同的努力，才能够推动乡村体育教师专业培训的不断发展与完善，为乡村教育的发展做出积极贡献。只有不断完善和提高乡村体育教师专业培训，才能够提高乡村教育的质量和水平，推动乡村振兴发展。

3.7 管理混乱

3.7.1 管理混乱的原因

1. 管理部门

山东省乡村体育教师专业培训中存在管理混乱的问题，可能是由于许多培训机构、学校、部门都可以开展专业培训，但缺乏统一的管理和规范，导致培训质量、内容、效果参差不齐。另外，由于乡村地区的体育教师资源相对较少，管理部门在培训计划和安排上可能也存在困难，容易出现人员调配不当、培训计划不合理、教师参与率低等问题，进而影响培训的效果和成效。此外，缺乏有效的考核和评估机制，也可能导致培训质量得不到保障，缺乏对教师实际能力提升的有效评价和认可。山东省乡村体育教师专业培训中存在的管理混乱问题可能涉及多个方面。

2. 教师个体

（1）乡村体育教师培训管理混乱可能与教师的主观因素有关，如缺乏主动性、缺乏参与意愿、缺乏自我评估和提升意识等。因此，需要加强培训的统一管理和规范，建立有效的考核和评估机制，提高培训的质量和效果，确保乡村体育教师专业培训的顺利开展和有效推进。总的来说，解决管理混乱问题需要建立健全的管理体系和监督机制，并引导教师增强参与意识和自我评估意识，促进专业素养的提升。同时，需要通过开展有针对性的培训和实践活动，提高教师的实践能力和创新精神，从而不断推动乡村体育教师专业培训的提高和发展。（2）教师的个人经济能力，乡村体育教师的收入一般偏低，参加培训需要花费一定的经济成本，有些乡村体育教师可能经济困难，无法承担培训的费用，如交通费、住宿费等。因为经济条件限制，可能会导致乡村体育教师不能如期参加培训和会议。（3）教师工作压力较大，乡村体育教师在教学工作中面临较大的工作压力，有时可能需要加班加点完成工作任务，导致不能按时参加培训和会议。（4）教师缺乏教学资源，乡村地区教学资源相对较少，乡村体育教师可能缺乏必要的教学资源和设备，导致教学质量无法得到提升，进而影响其参加培训和会议的积极性。（5）教师缺乏时间，乡村体育教师通常需要负责多个班级或多个项目，时间非常紧张，很难抽出时间参加培训。（6）教师出行交通不便，很多乡村地区交通不便，道路不好，乡村体育教师很难到达培训地点。

　　另外对于乡村体育教师来说，首先，学校的教学任务繁重，很多地区乡村体育教师都是由其他学科老师兼任，繁重的任务使乡村体育教师很难将精力投入开展的培训活动中；其次，部分乡村体育教师不具备较强的学习意识，对知识结构的提升方面主动性较弱，导致参加培训的积极性较差；再次，很多乡村体育教师年龄较大，且大部分都是根据上级要求命令或其他政策的要求才参加开展的培训活动，学习动力与热情都相对较低，由此参训教师很难将培训所学的知识运用到实际教学中来；最后，培训机构开展的培训效果评估活动大多数是让参训教师写与此次培训内容有关的报告并阐述学到哪些实用的新知识，评估形式缺乏灵活性，这会导致乡村体育教师产生应付差事的心理，评估最终流于形式，难以发挥预期效果。上述问题的存在是由于乡村学校体育教师培训管理过程混乱导致。

3. 培训机构

　　首先，乡村体育教师培训质量效率不高可能是由于培训机构的管理不善，如培训机构制订的培训计划不合理、培训资源配置不当、培训人员素质不高等。其次，可能是由于地方政府和学校对培训的管理不到位，缺乏有效的监管和评估机制，导致培训质量无法得到保证。培训机构缺乏培训资源，乡村体育教师所在的地区往往缺乏培训资源，如缺乏合适的培训场地、教材、教具等。培训机构培训内容不实用，有些培训课程内容不够实用，与乡村体育教师的实际工作不符，乡村体育教师很难从中获得实质性的帮助。乡村体育教师培训体系不完整，乡村体育教师的骨干教师定位不太够准确，相关培训融合发展机制还未形成。相关的教师培训机构不能按照乡村体育教师的特点来安排对应的培训，乡村体育教师数量少、专业水平不高，开展相关培训活动时应考虑到乡村体育教师的特殊性、独特性。在培训目标、培训方式、培训内容、培训理念和培训课程等方面采用不同的理念进行培训。现行的乡村体育教师培训管理模式很难保障培训活动的顺利进行。乡村体育教师培训作为一项系统过程，整个过程中需要科学的动态管理来保障培训的效果和质量，同时也要做好对培训结果的评估管理。

4. 乡村学校

乡村体育教师因为学校管理混乱不能如期参加有很大一部分原因在于：（1）学校管理缺乏规范：乡村学校大多数是小规模的学校，管理水平参差不齐，可能存在管理混乱、流于形式、缺乏规范等问题，导致乡村体育教师难以按时参加培训和会议。乡村地区的培训资源相对较少，培训机会不足，导致乡村体育教师无法参加培训和会议，影响其专业素养和教学水平的提升。（2）人员缺乏导致不能培训：学校作为乡村体育教师学习和工作的平台，也是能够帮助乡村体育教师提升教育教学水平和学术科研能力的支持者。所以，学校作为乡村体育教师提升发展的最大仰仗，应该尽可能为乡村体育教师创造良好的学习环境和充足的研究支持，为乡村体育教师提供尽可能多的培训学习机会。就目前的形势来看依旧有一部分乡村中小学体育教师人员紧张缺编严重，规模稍大的乡村中小学也只有1~2名专职体育教师，如果安排体育教师进行外出培训，就会导致学校的正常教学无法进行，给学校正常教学工作和安排带来了不小的压力。乡村体育教师培训不可能一蹴而就，而是一个长期坚持的过程，如果培训达到每月两次，频率比较高，部分乡村体育教师除了日常教学任务还有可能负责学校的其他事务兼任其他职务，比如说学校教导处主任、班主任或者保卫处处长之类的职务，身兼多职使他们很难抽身参加乡村体育教师培训，工作无人顶替所以校领导大部分不同意乡村体育教师外出参加乡村体育教师培训。所以，作为乡村体育教师能够完全按照规章制度要求的时间和频率按时按量参加乡村体育教师的培训研修活动是非常难做到的。校领导不重视导致培训问题：学校领导作为学校的管理层和决策层，如果校领导对体育培训不重视会对乡村体育教师培训产生非常消极影响，主要表现在以下三个方面：（1）资金投入不足：校领导如果不重视体育培训，就很可能会在经费上缩减投入。这样就会导致乡村体育教师培训的质量受到限制。（2）时间分配不合理：校领导对体育培训的重视程度会直接影响学校对教师的时间分配。如果校领导不重视体育培训，就会将教师的时间用在其他地方，从而削弱了乡村体育教师培训的力度。（3）教师参与度低：校领导的态度和决策对教师参与培训的意愿产生影响。如果校领导不重视体育培训，教师可能会认为培训没有意义，从而不愿意参与。这样会导致培训效果不佳，影响乡村体育教师的专业发展。山东省大部分乡村学校关于进行教师培训的观念不太重视，一般乡村学校的随意性比较大，等到关于教师培训的上级文件、政策通知到才急急忙忙地催促乡村体育教师视自身情况自愿报名参加。乡村学校的管理层考虑不到学校教师的长远发展，认为培训工作满足不了学校体育教师的专业发展需求。很多参与培训的乡村体育教师也都是为了教育学分而去，很少自愿参加，专项培训更是很难"对号入座"，甚至有些教师收不到参加培训的通知，一次省级培训、国家级培训都没有参加过。北京、上海等一线城市都已启动相关教师培训规划，但在山东省鲜有见到相关体育教师培训规划。

3.7.2　管理混乱的具体表现

据调查结果来看，学校内并没有专门针对乡村体育教师培训的管理计划，无论是对体育教师的培训还是培训的后期保障都具有很强的随意性。在当地政府对学校内体育教师培训的拨款中，存在有部门徇私舞弊的情况，体育拨款不能尽数使用在培训工作的开展和相关体育用品的购买上，直接影响了体育学科的正常教学和培训工作的顺利开展。另外，学校内对教师的职称管理中对体育教师的评定并不"友好"，从各项打分中体现了体育教师相较其他学科教师地位的差距，这也导致了体育教师消极怠工、不愿自主追求进步的现象出现，因此，体育教师对培训工作的参与更加懈怠。在调查结果中，虽然很多教师将培训目的选择为教育改革的需要和晋升专业职务的需要，但由于后期管理没有完善的评定标准和保障，培训结果不能满足参与教师的期望，乡村体育教师的培训工作变得更加没有吸引力。

53

3.7.3　管理混乱的影响

在乡村体育教师专业培训过程中，存在一些培训机构不规范的问题，包括缺乏资质、缺乏规范管理、培训收费不透明等。这些问题不仅会影响培训质量，还会导致培训机构信誉受损，不利于培训的长期发展。乡村体育教师专业培训缺乏统一的行业标准和认证体系，不能够实现培训的规范化和标准化。这也使培训机构和乡村体育教师难以获得更好的职业认可和社会地位。同时，乡村体育教师专业培训缺乏行业标准和规范，导致培训质量和效果难以保证。应该建立行业标准和规范，明确培训的目标、内容、方法和评价标准等，提高培训质量和效果。乡村体育教师专业培训缺乏资源的统筹规划和整合，导致培训资源的浪费和重复，同时也限制了培训效果和质量。应该加强对培训资源的整合与规划，充分利用各种资源，增强培训效果、提高培训效率。

3.8　保障不够

3.8.1　保障不够的原因

法律法规作为国家意志的体现，对于乡村体育教师的保障作用不言而喻，法律法规不完善对乡村体育教师培训的影响巨大。当前，虽然国家有关部门出台了多项政策措施，但是对于乡村体育教师培训的法律法规并不完善，缺乏强制性要求，没有对乡村体育教师培训做出具体规定。虽然教育部颁布了一系列相关政策来保障乡村体育教师培训的稳定和运行，但实际情况仍存在着教师培训工作落实不到位、培训力度不足等问题。缺少培训让体育学科与其他学科的差距逐渐拉大，体育工作一直在学校的常规工作中得不到重视，体育学科的独特作用也无法发挥。

3.8.2　保障不够的具体表现

1. 教学设施短缺

在问卷调查中，对培训工作的建议作为开放题，收到很多乡村体育教师的真实反馈，可以看出，由于乡村地区经济发展受限，乡村学校相关体育设施的建设较为敷衍，培训工作需要的硬件条件跟不上需求。一些学校甚至没有专门的田径场、篮球场、球桌等，教学道具也完全达不到培训和授课所需的数量。已有的教学场地大多存在破旧、标准不合格的问题，这也为培训工作的开展和体育教学的进行带来一定的安全隐患。乡村教育资源有限，很多乡村学校缺乏先进的教育设施和技术设备，这也给专业培训带来了很大的挑战。

在乡村地区，专业培训设施相对薄弱，缺乏现代化的教学设备和基础设施，难以满足乡村体育教师培训的需求。乡村体育教育需要适当的教学设备和场地，但实际情况却很不乐观。一些学校甚至没有足够的场地，有些场地也缺乏适当的维护和管理。这些问题给乡村体育教育带来了很大的困扰，也影响了教学质量和效果。很多学校缺乏体育场馆和场地，甚至没有适合的场地进行体育活动。这种情况限制了乡村体育教育的教学质量和教学成果，同时也影响了学生的体育锻炼和全面发展。教育资源相对城市地区也较为匮乏，体现在教学设备和场地等方面。乡村学校受资金、场地各种条件的约束，很难保证有足够的体育运动器材和合格标准的操场，这就导致乡村体育教师很难进行科学、专业的体育课程设计。

2. 资源分配不平衡

除了教学设施短缺，对在山东省乡村体育教师专业培训中也存在着资源不足的问题，乡村体育教师培训工作的保障有待加强。当前，乡村教育资源的分配也存在不均衡的情况。一些地区的教育资源比较丰富，而另一些地区则相对匮乏。这种不均衡的分配会影响乡村体育教育的发展，导致乡村教育资源的浪费和缺失。

在乡村体育教师培训中，相关教育部门往往更关注经费投入少、培训效果好的城市地区，对乡村地区培训经费的投入甚少。乡村地区学校学科发展非常不均衡，重视主要学科而忽视没有考核的体育，进而导致对乡村体育教师不够重视甚至不公平待遇，乡村体育教师组织校运会，组织开展学生体质健康测试不算在工作课时的情况时有发生，这些行为对乡村体育教师的积极性和对待工作的质量都有较大的影响，使乡村体育教师不愿参加培训等活动。

由于乡村地区的教育资源相对匮乏，导致乡村体育教师专业培训师资力量匮乏，无法提供高水平的师资支持。并且乡村教师相对较少，教育机构的管理者往往难以有效地为乡村教师提供培训机会。研究表明，乡村地区中小学体育教师师资人数缺口较大，乡村体育教师在乡村地区学校是最缺少的任课老师，任何涉及乡村地区学校的工作都要由本就有限的乡村体育教师去完成，使乡村体育教师的工作量与工作人数不成正比，导致乡村体育教师没有时间也没有精力完成工作的同时参加教育培训，间接导致乡村体育教师教学专业化难以进一步提升。因此，应该加强对乡村体育教育的投入和支持，提高教育资源的分配公平性，让乡村体育教育的发展得到更好的保障。加强对乡村教育资源的统筹规划和科学配置，优化资源利用效率，让乡村体育教育得到更加均衡和合理的发展。

3. 后期保证匮乏

在大部分乡村学校，体育教师的工资和待遇都与其他教师有很大差距，课时费的差距本就让体育教师收入不可观，其他相关津贴补助往往也与体育老师无关，由于培训的后期保障不足，培训工作并没有对乡村体育教师的现状带来明显改善，这让很多年轻人对乡村体育教师这一岗位望而却步，招不到社会"新鲜血液"让体育学科的教师队伍更没有起色。

体育教师的后期保障问题更为突出，很多乡村体育教师有参加培训的意愿，但经常由于学校事情多、路途遥远、经费不足等实际问题而缺席培训工作。乡村体育教师培训政策的执行主要是通过政府部门完成的，政府部门对相关教师培训文件的决策和认知水平都最终影响着乡村体育教师的培训效果。大多数地方政府对乡村体育教师培训政策宣传不到位，很多乡村教师不了解相关的培训政策和情况。在相关培训政策实施的过程中，政府部门还应该起到监管的责任，负责监管相关政策是否实施到位。在这个监管环节中，相关负责人只注重培训课程的到课率，对实际培训效果不管不顾。培训管理缺乏科学可行的管理制度，政府部门相关的监管力度也相对偏弱。

例如，部分乡村学校校长的支持力度较小，认为体育教师参加培训的重要性较小，作为乡村学校的直接管理者，校长的态度影响着那些想要参加培训的体育教师，并且乡村学校资金有限，大部分都用在学校的基础设施建设和教学设备的安置上，很难有额外的资金来支持学校体育教师参加培训活动，尽管有部分地区有政策规定学校应将部分教学经费用于学校教师的培训工作中，但针对一些偏远地区的学校来说，形同虚设，很难得到具体的落实。因为将资金用于乡村教师的培训所带来的收益需要很长一段时间来得到体现，相比之下部分乡村学校更愿意将资金投入基础设施的建设中。

　　政府和学校分别是培训政策的制定者和受训乡村体育教师的直接管理者，政府和学校是对乡村体育教师发展提高帮助最大的也是责任最大的。乡村地区学校领导管理层对这方面的意识淡薄，容易造成乡村学校体育科研氛围缺失，乡村体育教师能为自己所用的知识储备和科研条件非常有限。除此之外，个别乡村学校领导认识不到体育学科对学生的重要性，间接影响体育教学的重视程度，影响学生和家长对体育课的看法，进而影响整个社会对体育的认识情况。

　　国家目前非常重视乡村教育事业的发展，提出并颁布了很多相关政策，保证了乡村教师的待遇和福利，但还是存在着一些问题影响着乡村教育事业的发展，例如乡村教学硬件条件差、相关政策不符合当地实情或落实不到位。这些问题得不到解决，乡村教育事业就很难有突破性的发展，持续影响着乡村教育事业的健康发展。

4. 人员资金支持缺乏

　　乡村体育教师培训缺少保障主要体现在两个方面。一是缺乏培训人员保障，很多培训教师都是来自城市的一线教师、教研员等，但是由于乡村学校的位置偏僻、路途遥远、通信不畅等其他条件的影响，培训教师大多不愿意去乡村，在此情境下，乡村体育教师要想参加相应的培训活动只能前往城区，耗时耗力，培训资金得不到保障。单一的政府部门通过拨款形式来支持乡村体育教师培训的运行，可能会引起后续培训过程中某个培训机构出现垄断的行为。缺乏相对应的保障体系，乡村体育教师的受益面很窄，达不到培训预期达到的效果。二是缺少教师培训经费的保障，由于乡村学校经济条件相对较差，经费来源有限，导致专业培训经费难以得到保障，无法为乡村体育教师提供更加优质的培训资源。从学校层面来说，大多数乡村学校经费比较紧张，没有额外的预算聘请优秀的培训教师展开校级培训，有的乡村体育教师甚至两三年都没参加过一次培训活动。

5. 教师工作稳定性、系统性不强

　　在乡村地区，教师的流动性比较大，很多教师在短时间内就会离开当地，导致教师队伍的不稳定。这种情况在乡村体育教育中也比较普遍，一些乡村体育教师可能会到城市寻求更好的发展机会，导致乡村体育教育的教师队伍不够稳定。这种情况会影响教学质量和教学成果，也会给乡村体育教育带来不利影响。由于乡村教师的专业培训相对较少，许多乡村教师可能对培训的意义和价值感到迷茫，对于培训的认知度和重视程度不够高。因此，应该加强对乡村体育教师的培训和激励，提高他们的教学水平和工作满意度，增强他们的归属感和责任感，减少流失现象，提高教师队伍的稳定性。

乡村体育教师培训是一项系统性、长期性、持续性的工程，从培训活动的开始到结束都需要有系统化的保障体系作为支撑，乡村体育教师培训活动不是功利性、短暂性的。目前培训工作存在三个方面的问题。首先，部分乡村学校管理制度不明确，乡村体育教师呈现出严重的兼职化，很多老师要同时负责好几门学科的教学工作。其次，乡村体育教师专业培训的持续性和跟踪性不足。培训结束后，缺乏有效的跟踪和评估机制，不能够及时了解培训效果和实际应用情况。最后，缺乏持续性的培训机制，很难实现对乡村体育教师的长期支持和服务。虽然目前来看整体的宏观政策支持体系已经较为完善，但在微观实践层面仍具有许多不足和局限。

当前，乡村体育教师专业培训机构较多，但其培训质量和水平却存在差异。一些机构在教师培训的理念、方法、内容等方面存在较大问题，培养出的教师难以满足实际需要，甚至可能适得其反。因此，应该建立统一的评估标准和考核机制，对乡村体育教师专业培训机构进行严格监管，确保教师培训的质量和水平。乡村体育教育需要借助社区资源的支持和整合，但是目前乡村体育教师专业培训缺乏对社区资源整合的培养，导致教师对社区资源整合的认识和能力不足，难以有效地整合社区资源来支持乡村体育教育的发展。为了应对这一问题，应该加强对社区资源整合的培养，提高教师的社区资源整合能力，为乡村体育教育的发展提供更加全面和有效的支持。

乡村体育教师现阶段存在着师资队伍短缺、学校领导对体育学科的忽视、没有建立合理的评价机制、政府落实相关政策不到位、法律法规不完善、教师职业认同感低等问题。综上所述，山东省乡村体育教师专业培训中存在保障不足的问题，需要加强资金、师资、设施和政策等方面的保障，以提高乡村体育教师专业培训的质量和水平。首先，可以通过政策扶持，加大财政投入力度，支持乡村学校购置教育设备和技术设施，提高乡村教育的硬件水平。其次，可以采取灵活多样的培训方式，如线上教育、暑假夏令营等方式，满足不同层次和不同需求的乡村教师的培训需求。再次，可以在培训内容和形式上不断创新，增加培训的趣味性和实用性，提高乡村教师的参与积极性和自觉性。最后，可以鼓励乡村教师参加培训，加强对他们的认知和理解，增强他们对培训的重视程度。

3.8.3　保障不够带来的影响

1. 教学设备方面

乡村体育教师受限制于器材、场地等原因，只能根据当地条件进行简单的教学，无法展示出自身的专业能力，每次体育课也只能以重复、单一的形式进行。硬性条件的落后，一方面打击了乡村体育教师开展课程的积极性；另一方面也严重阻碍了体育教师专业能力和教学能力的提高。因此，应该加大投入，完善教学设备和场地建设，让乡村体育教育有更好的发展环境。加强对乡村体育场馆和场地的建设和投入，提高乡村地区的体育场馆和场地设施，为乡村体育教育的发展提供更好的保障和支持。

2. 法律法规方面

法律法规不完善带来的影响有以下三个方面。（1）缺乏监督机制：由于缺乏完善的法律法规，乡村体育教师培训往往缺乏监督机制，导致培训内容的质量无法得到保障，一些机构甚至可能存在不良行为。（2）资金保障不足：缺乏完善的法律法规也意味着乡村体育教师培训缺乏资金保障。很多地方的培训机构都依赖财政拨款，而资金的不足会影响培训质量，进而影响乡村体育教师的素质提升。（3）保障机制不健全：法律法规不完善也导致乡村体育教师培训的保障机制不健全。乡村体育教师在培训过程中可能遇到各种问题，如果没有健全的保障机制，就无法保障他们的权益，进而影响他们的工作积极性。因此，建立健全的法律法规对于乡村体育教师的培训十分必要，需要政府、相关部门、行业协会等各方合力推动。

3. 政策支持方面

政策支持是促进乡村体育教师专业培训的重要保障，但在实际情况中，政策支持不够，难以形成强有力的政策支持体系，使乡村体育教师专业培训的保障程度不高。乡村体育教师培训活动没有得到足够的保障，会间接影响培训活动开展的范围和乡村体育教师的参培程度，制约培训事业的发展。近些年国家在乡村教师的待遇和职称晋升方面给予了一定的政策倾斜，乡村教师的生活保障得到了明显的改善，也增强了其扎根乡村的意愿。但一些乡村体育教师，特别是新生代乡村体育教师，在职业认同和专业发展方面却抱有诸多困惑。

首先，乡村体育教师的职业认同感普遍偏低。一个重要的原因就是乡村体育教师数量不足且工作量繁重。在一些乡村学校，特别是中西部地区的乡村学校，体育教师短缺现象仍然非常严重。在许多村或乡镇小学，体育课普遍是由其他学科老师如语数外学科老师兼任。而一些体育专业的毕业生分配到学校，由于学校学科老师的不足，而被安排教授非体育科目。虽然国际上，义务教育小学阶段教师"兼课"被许多国家所采用，但我国乡村地区师生比严重失调，兼课过多的乡村体育教师显然没有精力关注孩子的体育和健康的指导。在一些小乡村，乡村体育教师除了承担繁重的体育教学工作，还要肩负许多非教学的事务工作，极大地影响了乡村体育教师的职业认同感。

其次，缺少足够的专业技能培训和教学比赛，乡村体育教师的专业发展前景黯淡，乡村教师普遍缺乏专业发展动力。乡村体育教师培训和专业提升还存在着很多培训内容模式科学优质的问题，现在执行的乡村体育教师培训模式和内容与实际乡村体育教师迫切需要的教育教学需求存在一定差距。相当一部分乡村体育教师教育教学及其他工作任务繁重，投身教师培训的时间与教育教学工作时间冲突，脱离工作全身心投身培训十分困难，乡村体育教师外出参加专业培训的机会少之又少。目前，乡村体育教师参加培训的形式主要为校本研修、网络研修等形式，但接受专家指导和对口专业技能培训的机会偏少。

最后，乡村教师的个人以及家庭的生存和发展意愿很难得到满足。除了工资和职称晋升之外，乡村体育教师更在意同行和乡村社会对乡村体育教师职业的尊重，以及子女教育等家庭问题的解决。此外，相比待遇和职称，一些年轻的乡村体育教师更期待子女在教学资源更好的县城或市区就学，而这很大程度上构成了乡村体育教师职业流动和流失的内因。因此，破解乡村体育教师的专业发展和生存困境已成为让乡村体育教师赋能乡村振兴的关键。

第4章　乡村振兴背景下山东省乡村体育教师专业培训的策略研究

4.1　结构功能主义视角下的帕森斯 "AGIL" 模型

结构功能主义是一种社会学理论，认为社会是一个具有相互依存和相互作用的系统，由各个部分组成，这些部分相互协调，共同维持整个社会系统的稳定。在结构功能主义中，帕森斯是其中的重要代表人物之一。他提出了 "AGIL" 模型，对社会系统进行了描述。"AGIL" 模型中，A 代表适应性（adaptation），G 代表目标实现（goal attainment），I 代表集成（integration），L 代表模式维持（latent pattern maintenance）。这四个要素是社会系统维持稳定的基本要素，同时也是社会系统需要满足的基本需求。

在这个理论模型中，每个要素都有自己的子系统，它们共同构成了社会系统。例如，适应性包括经济、政治和文化三个子系统；目标实现包括政治和行政两个子系统；集成包括法律、教育和宗教等子系统；模式维持则包括家庭和文化等子系统。"AGIL" 模型的四种功能是相互关联、相互包容并渗入其他功能，不能独立分离存在。每一种 "AGIL" 功能都能在不同的子系统中体现出来，同时每一个子系统也具备着不同的功能。本章通过借鉴帕森斯的 "AGIL" 模型有关行动系统运动以及变迁的内在逻辑运行关系的阐释对乡村体育教师培训系统的适应功能、目标达成功能、整合功能以及模式维持功能进行具体问题和现象的情况分析。

帕森斯认为，社会系统的四个基本功能部分是相互依赖、相互作用的，它们共同构成了社会系统的内部结构，对于社会系统的稳定和发展都起着至关重要的作用。如果这四个基本功能在社会系统中没有得到平衡，就会导致社会系统的不稳定和矛盾。帕森斯的"AGIL"模型在社会学研究中有广泛的应用，特别是在社会变迁和社会结构分析方面。它强调了社会系统的内部结构和互相关联的功能部分之间的相互作用，为社会学家提供了一种研究社会系统的稳定和变迁，以及不同社会现象之间的相互作用和影响的理论框架和分析工具。

4.1.1　适应

适应（adaption）是指从外部环境中汲取生存所需的物质和能量，从而维持系统的生存与发展。适应功能的最终目的是获取生存资源，以确定该系统能够运行和生存下去。适应功能主要依靠行为有机体来承担。"AGIL"模型认为，适应功能是行动系统生存的前提条件。也就是说，行动系统要具备适应外在环境需要的能力时才能获得相应的生存资源。乡村体育教师供给系统作为乡村教育系统中的子系统，其适应功能主要表现为适应乡村体育教学的实际需求，通过发展乡村体育教育助力乡村振兴战略。目前，我国乡村体育教师培训模式不能适应乡村教师专业发展的需求，乡村体育教师专业发展特殊性与教师培训的普遍性相结合的特性并没有在教师培训项目设计的过程中体现出来。当前乡村体育教师培训主要以参与省、市、县级组织开展的校外培训的形式，主要是以相关学科教学专家、教授等讲座的方式开展教学课程向乡村体育教师讲授教育理念、教学方法等知识。不可否认，乡村体育教师理论知识的扩充对于乡村体育教师自我发展需求的满足起着重要的作用，但将这些纯理论知识转化为自己的知识对于乡村体育教师来说是非常困难的，这也会导致乡村体育教师参加培训前后的实践课堂教学方式没有发生任何改变。必须要保证乡村体育教师能够从乡村客观环境中获得他们所需的资源和能量，提升乡村体育教师对职业的意愿满足程度，适应乡村教育发展的需求。乡村体育老师在适应环境的过程中社会环境中的资源要转化为能够满足乡村体育教师发展需求的各种资源。从城乡教师教学资源、环境比较来看，乡村体育教师所拥有的天然性资源比较多，但随着城市化进程的加快，乡村地区环境比较闭塞和城乡居民思想意识、人文素养等因素的不断拉大。但随着乡村振兴战略的发展，乡村教师的各种硬件环境和软件环境都得到了较大改善，在顶层设计、政策倾斜、资金扶持等多方面都保障了乡村教师工作和生活条件的改善。待遇补偿、乡村环境的改善在一定程度上帮助了乡村体育教师适应心理的变化，更能够发挥出主体的能动性和积极性。

一方面，以体育促振兴，发挥体育高质量供给作用，以民为本，注重供给质量与乡村体育教育需求的发展。在国家政策法规的推动下，为适应外部环境的发展，乡村公共体育教育供给将基于"深化供给侧结构性改革"和"注重需求侧管理"的新格局要求做出相对调整；另一方面，乡村体育教育的发展是实现乡村振兴的重要途径，体育产业和全民健身运动在其中将会发挥产业振兴、人才振兴、文化振兴、生态振兴、组织振兴的多元提升作用，通过体育这个抓手，为乡村振兴"聚人气、汇财气、扬正气、传名气"，为乡村发展提供源源不断的内生动力。乡村公共体育教育高质量供给适应乡村全民健身普及和提高的需求，也将进一步推动乡村振兴战略的发展。

63

4.1.2　目标达成

目标达成（goal attainment）功能指的是社会系统中各个组成部分通过实现自己的目标来实现整个社会系统的目标。"AGIL"模型认为，目标达成功能保证整个行动系统的顺利运行，通过根据跟随外界环境的变化而不断完善新的目标，并且在重新完善的过程中不断地学习、成长，为目标的达成提供了保障。探索乡村体育教育高质量供给路径，能够实现"以乡村体育教师的发展带动乡村体育教育发展"的目标。通过政策引导的手段，颁布系列相关政策来引导乡村体育教师培训工作的有效开展，换言之，因地制宜地利用乡村体育资源，提倡多元主体协同治理。加快政府职能从"管理型"向"服务型"转变，有效地发挥市场资源配置功能，注入体育竞争活力，社会反馈供需问题，整合乡村体育教育供给资源，建构多元主体协同供给机制，破解乡村体育教育供给主体的"碎片化"问题。立足于乡村体育教学发展需求、乡村实情，充分挖掘乡村体育教育的社会价值，实现学生身体素质提升、全民健身常态化、终身体育意识高度普及等目标，推动乡村体育教育供给系统的持续平稳发展。目标达成功能主要包括确立目标和达成目标两个部分，确立目标过程通过需求定向、动机改善、确立目标等方式来保障最终目标的实现，过程中需要借助社会各界力量的帮助以确保乡村体育教师最终达成自己的目标。教师培训课程标准大多已形成体系，但针对乡村体育教师的培训课程开设较少，相关课程大同小异。2022 年 4 月 2 日，《新时代基础教育强师计划》出台，该计划直接指出了我国教育发展的短板，重点针对的就是乡村地区或者更为偏远的乡村地区。山东省相关教育部门为了突破乡村教师参加培训的时间、空间限制，推出了针对此问题的"互联网 + 教师专业发展"工程，促进广大乡村教师加入相关学科教师培训课程中。但因为乡村教师培训形式大多是以相关专家讲座的形式开展，数字化信息、网络技术以及多媒体相关知识等资源难以得到充分的利用，网络课堂乡村教师培训课程平台往往得不到重视。制约乡村教师培训取得进一步进展的主要阻碍问题是难以有效地利用日益丰富的数字化、网络化培训资源。在开展乡村体育教师培训过程中，一方面要加强理论培训和实践培训的结合，保障参训教师专业水平的提高，改变传统授课模式，利用好当地资源，增强培训实效，实现乡村体育教师学习发展的纵深化；另一方面可以从供给侧结构方向改革创新乡村体育教师培训模式，保障乡村体育教师能且有意愿参与培训中。

4.1.3　整合

整合（integration）指的是社会系统中各个组成部分的协调和互动，以维持整个社会系统的稳定。整合是社会系统内部的协调和整合，它包括了规范和价值观的传递和维持。"AGIL"模型认为，行动系统是由发挥不同功能的子系统组成，整合功能主要是指系统通过对自身结构、已有资源进行合理定位，通过协调有效解决系统内部和不同系统之间的冲突，实现整个行动系统的良性循环。乡村体育教育供给存在结构性供需失衡现象，因此合理规划乡村体育空间，整合有限体育资源是实现高质量供给，灵活有效满足乡村教育需求和结构性转变的关键措施。乡村独特的地域特征和村落散居社会形态使体育资源共享缺失，行政村建制束缚不利于乡村体育特色项目的带状推广，乡村体育投入机制还在不断完善中，各村落体育资源有限，村民体育意识缺乏、基础设备闲置现象仍占多数。对乡村体育事业的发展要做出详细、可行的发展规划。利用数字化平台将农村体育资源数据化，提高政府管理效率的同时便捷农村教育对于有限体育资源的使用，同时，体育资源数据化让村落间联动密切，为高质量供给提供科学依据。利用数字平台等信息化手段，通过规划空间整合资源来解决乡村体育教育供给与乡村教育需求之间的矛盾，这也是实现互利共赢的选择之一。

　　整合功能的实质就是实现各种培训资源的最优化配置，使培训体系内外资源相互融合、相互协调，以规范乡村体育教师培训制度为中心，借助各种资源使乡村体育教师培训体系更加具有吸引力，更加稳固。理论与实践是相互生成和相互转化的统一关系。社会规章制度的不规范和落实不到位导致了教育培训中教育资源缺乏相应的优化配置和整合。乡村体育教师培训存在着法律和政策设计上的不足，针对乡村体育教师培训的具体法律没有具体落实。近几年虽然加大对乡村体育教师培训的资源提供、资金扶持、政策倾斜、福利政策等，但具体政策落实不到位，不能较大程度上满足乡村体育教师的心理预期。乡村体育教师在自身培训及实际教学过程中需要科学合理正确的理论指导，否则开展的培训、教学活动都是毫无意义的。由于受到乡村教学环境、背景等方面的约束，乡村体育教师在培训和教学过程中所遇到的问题、难题以及处理这些问题的能力都充满特殊性，这些都是极具具体性质的问题并且同时具有很强的实践性。乡村体育教师难以将参加培训活动所学的新知识、新教育理念产生自身的共鸣并加以运用到实际工作中，更多的是基于自身经验而进行的模仿，只是将他人经验、反思简单移植复制到自己的教学工作中。现在大量的教师培训机构与相关教师培养体系相融合协调发展，转变为综合性机构等，导致现阶段的乡村体育教师培训相关机构具有多元化、乱序性特征。许多省、市的早期乡村体育教师培训体系已经不复存在，但也没能颁布推行新的教师培训政策。这一点与国内的教师培训发展形势相互关联，改革并没有推出新的培训体系代替传统模式。一方面要保证乡村体育教师专业培训政策制定的精准化和落实的细致化，保证每个地区政策都要落实到位，提高培训政策的适配性；另一方面要完善相关教育部门协调机制，明晰权责关系。针对乡村体育教师专业培训有关制度的综合改善，加强教育相关部门之间的交流合作效率，协同好政府、培训方、参训教师之间的关系，促使三位一体合作关系效能最大化发挥。

4.1.4 模式维持

模式维持（latency pattern maintenance）指的是社会系统中各个组成部分在日常活动中的运作方式和行为规范。模式维持功能是社会系统的稳定性和维持，它与制度和规则的维持有关。"AGIL"模型认为，行动系统中的维模功能主要指充分发挥文化的潜移默化作用，以此形成极具特色的乡村体育文化，推动行动系统的可持续性。体育究其本质即"养乎吾生、乐乎吾心"，完善乡村体育文化，提高精神层面的认知，才能进一步维护高质量供给系统持续发展。只有帮助乡村体育上升到文化的高度，才能让其发挥出更大更积极的作用，做到不仅仅针对某个个体，而是广泛提高适用性。

乡村体育教师培训的顺利开展离不开乡村学校管理者层面的支持，认识上的高度统一是促进行为一致的关键。面对社会的进步和快速发展，要求乡村体育教师教学能力提升，而乡村体育教师培训系统共同认可的价值观念的共享性、一致性是缓解乡村体育教师培训变革压力的有效途径。但目前来说，多数乡村学校开展的体育科目教育工作中，体育教师大多沿袭老旧的教案进行体育课的教学活动，对学生的体育活动掌握程度以及对应体育知识掌握情况漠不关心。懒散的工作态度和繁杂的教学任务使乡村体育教师对参与培训的积极性不高，安于现状。另外，在学校工作之余的个人生活中，乡村体育教师也没有花费太多精力用于提升自己的教学能力、专业水平能力等。诸多因素的累加、乡土文化的缺乏和价值理念的不统一不利于乡村文化的传承与发展，所以要充分了解乡村教育的优势和价值，形成内在精神动力核心和配套的价值观。乡村体育教师培训体系中的模式维持是经社会成员共同认可的价值观、制度、思想等方式以确保社会系统的稳定持续运行及乡村体育教师培训体系的顺利开展。乡土文化和乡村价值观保证着乡村持续稳定发展。为解决乡土文化"离土"现象与乡村教师乡土文化缺乏，保证乡土文化的传承与发展，致力发展乡村教育，为乡村振兴事业做好保障。要做好以下两个方面：（1）在发展乡土文化方面，保持对乡土文化取其精华，去其糟粕，尊重乡土文化的多样性，传承优秀特点，改善消极方面因素，用正确的眼光对待乡土文化的内涵价值。同时，利用乡村振兴大背景，政府与社会各界加大对乡土文化的宣传，做到增加乡村教师关于乡土文化的共识。（2）在乡村教师培训方面，可以开发乡土课程，将课堂与乡村更好地联系在一起，将乡土文化融入教学理念中，为本土教育做好服务。此外，乡村教师在培训中应该培养起对乡土文化学习的主动性和积极性，深入了解消化乡土知识，结合当地条件创新教学方式，唤醒乡土文化的活力和生命力。

此外，还应从以下方面进行提高。首先，要找出乡村体育与体育文化的重叠部分，帮助乡村体育建立基于体育核心文化的内容。不仅包括乡村体育项目技能的习得，更要针对的是乡村体育文化的价值体现和传承，做到修身与修心并行。其次，明确乡村体育文化传承形式。通过建立社会多方主体共同作用的机制，保证文化传承的整体性，让乡村体育文化能够被更多人了解和接受，最终提高乡村体育文化传承者的人数。乡村体育活动的常态化，将对受教育群体积极参与体育教学、享受运动乐趣起到积极作用。乡村体育供给不仅需要基础设施和资金的投放、专业乡村体育教师人数的增多，公共体育活动的组织，更需要构建乡村公共体育物质、精神和制度文化，良好的乡村公共体育文化有助于形成坚固的支撑系统以促进乡村体育高质量供给的长远发展。

4.2　山东省乡村体育教师专业培训的对策建议

基于结构功能主义视角下帕森斯的"AGIL"功能主义模型，山东省乡村体育教师专业培训的建设路径应为：结合本土环境，制定适宜乡村体育教师发展的培训策略；加大乡村体育教师的培训力度，实现体育教师专业化专职化发展；以现代"互联网＋"技术带动乡村体育教师整合创新；健全相关法律政策，完善配套管理体系；将现代化人工智能技术（AI）引入乡村体育教师培训；建立健全乡村体育教师培训的激励评价体系以及立足培养目标落实培训方案。

4.2.1 结合本土环境，制定适宜乡村体育教师发展的培训策略

教育是一个民族复兴的关键，教育兴则国兴，体育科目的教学更是重中之重，物质文明和精神文明的不断传承都要求一个民族整体要有着强健的体魄。乡村学校的体育科目教学不仅是帮助满足乡村学生对体育科目的需求，通过传授体育知识来帮助他们开阔眼界和提升综合素养，更是为了推动乡村教育事业的发展，帮助乡村振兴战略的落实。乡村体育教师的教学水平和体育素养直接影响着乡村体育课程的质量高低，落实乡村体育教师培训活动的开展也是为了促进乡村学校体育教学的发展。

1. 改变传统观念，正视体育学科价值

要打破对体育学科传统的、偏见的眼光，用科学、合理的态度去正确对待体育学科的发展，防止体育学科的边缘化，帮助推进我国素质教育的全面创新与完善。乡村学校体育是乡村教育环节中不可或缺的一部分，应对体育学科秉持正确、科学的认识态度，不断推进乡村教育的健康可持续发展。体育运动不仅对身体素质、心理健康有着正向的促进改善作用，更能够帮助运动锻炼者改善学习效率、集中注意力、改善情绪等，由此可以看出，体育学科不仅可以帮助学生改善身体素质、增强心理能力，更能够对学生的学习效果进行正向改善，帮助学生丰富眼界，使学生能够在繁重的学习任务中身心得到放松，所以人们应该摆脱应试教育下对待体育学科传统的陈旧的观念，要帮助学生做到全面发展，全面推行素质教育，重视体育学科所带来的价值，使乡村振兴背景下的乡村教育事业不断发展。

2. 提高参训教师职业认同感和文化认同

（1）为实现乡村体育教师的专业发展和职业认同提升，需要外部和内部因素共同发挥作用。政府近年来不断加强乡村体育教师队伍建设，提高他们的生活补助和培训，从外部增强了他们的职业认同感。然而，内部助力需要培育乡村体育教师的"为乡"教育情怀，特别是新生代乡村体育教师缺乏对当地乡村的了解和乡土感情，需要培育"为乡"情怀来增强职业认同感的内动力。乡村体育教师的主体作用也需要积极发挥，强化专业发展的内生动力。为此，可以通过邻近学校共建学

习共同体和同区域或跨区域乡村学校共建学习共同体等方式，增强教师之间的交流互通，发挥优秀乡村体育教师的模范和榜样作用，强化其专业素养的内驱动力和专业能动性。构建精细标准化乡村体育教师培训体系，提升乡村体育教师培训水平和质量，帮助乡村体育教师提升专业能力。就目前情况来看，乡村体育教师入职前的专业培训存在培训内容过于宽泛的问题，提供的培训内容与乡村体育教师的实际需求并不匹配。经过调研，发现很多新任乡村教师对于岗前培训不够满意，认为培训内容偏向于理论和政策，而缺乏实际教学环境下的体育教学能力提升。此外，有限的培训内容也偏向于足球、篮球或政府特色项目，缺乏乡村教师个人专业发展所需的实用培训机会。因此，地方政府和学校需要整合资源，协助乡村体育教师制订职业规划，增加培训和交流机会，帮助他们逐步提升专业能力和实现个人价值和需求，尤其是对于新生代乡村体育教师，需要注重他们的培养和专业成长，提升他们的专业水平，让他们成为乡村振兴的中坚力量。

（2）实现文化认同，增强乡村体育教师的乡村情感。增强乡村体育教师对一个区域的风土人情基本认同感是提高乡村体育教师文化认同感的核心，文化认同能够把乡村体育教师真正留在乡村地区，强烈的认同感是乡村体育教师增强职业认同感的重要基石，也是维系乡村情感最深刻的基础。在乡村振兴战略的背景下，作为乡村体育发展的关键主体，乡村体育教师的文化认同问题已成为提升乡村体育"软实力"的重要因素。首先，需要关注体育师范生的教育实践活动。体育师范生的教育实践活动是毕业与入职的重要衔接，乡村学校可以成为实习地点。在基本的体育教育实践中，体育师范生还可以体验乡村体育文化、参与乡村社区体育活动等，通过长时间的体育教育实践活动，让体育师范生对乡村留下深刻的印象，这也是加强地方意识的过程。其次，需要开拓乡村体育教育新模式。在乡村体育教师的教研和授课中，可以添加设计与当地乡村体育文化与教育相关的内容，如将体育非物质文化遗产引入校园、推广"一校一品"特色体育项目等。通过挖掘当地体育文化资源，增强乡村体育文化内涵，实现文化认同，增强乡村体育教师的职业认同感。在乡村振兴背景下，身份认同和职业自信是乡村体育教师探讨本土化发展的内在因素。然而，乡村体育教师与社会之间存在认同差距。因此，乡村体育教师的专业认同和身份认同是提高职业自信的关键因素。首先，乡村体育教师需要反思自己的教学工作，包括专业知识、课堂安排和教学理念等，只有当他们在教学过程中保持自律并形成对自身教学认知的维护，才能满足社会对乡村体育教师的期望。其次，乡村体育教师应该参与乡村公共建设，以主人翁的意识推动全民健身、助力乡村体育振兴。因此，乡村体育教师与乡村社会发展密不可分，他们需要扎根乡村，肯定自己的身份认同，提高职业自信。

3. 加强政策倾斜，推行本土培养计划

强化政策倾斜，提高乡村体育教师待遇，促进城乡教育均衡发展。乡村体育教师更愿意向城市转移的原因是城市可以提供完备的公共服务设施，工作条件较好，工作压力较小。因此，乡村振兴政策的实施需要加强政策倾斜，提供更好的保障和条件，改善乡村学校环境，提高乡村医疗水平，完善社会保障机制，让乡村体育教师获得更好的生活和工作环境。另外，要改善乡村环境，培育乡村文化，构建和谐的乡村社区。作为乡村的新乡贤，乡村体育教师具有丰富的体育知识和文化知识，可以参与乡村建设中。因此，应加强环境治理，改善农业污染，提升乡村水质，建设适合乡村体育教师工作和生活的美丽乡村。同时，乡村社区应积极促进家校联动，构建家庭、学校和社区协同育人共同体，为教师减轻压力。实施定向培养，丰富乡村体育教师队伍。目前我国城乡教育环境差异较大，尤其是乡村体育教师缺乏。因此，利用本地生源丰富乡村教师队伍是最好的选择。应加强定向培养计划和乡村体育教师支持计划，逐步提高教师的职业水平和待遇水平，使他们能够留在乡村，扎根乡村。定向培养任务由国家有关部门和师范高校承担，因此，应通过定向培养向乡村教育资源薄弱地区输送优质师资，改善当地教学水平，提高师资队伍水平，推动乡村教育振兴。同时，应制订乡村体育教师队伍建设本土培养计划，实现本土化培养，这是目前丰富乡村体育教师资源较为有效的方法。在我国乡村振兴战略实施的过程中，关键在于统筹城乡发展均等化，落实乡村公共服务事业，努力使城乡差距逐步变小。要想吸引高学历年轻体育教师去往乡村学校，首先要保证乡村体育教育物质基础完善，使新教师能够顺利开展相应课程；其次要做到公共服务资源的充足，使新教师能够融入新环境的生活方式。现阶段高学历年轻教师之所以不愿意去往乡村地区，很大一部分原因取决于乡村地区各方面的局限性，主要体现在发展空间小、教学设备少，

乡村学校的硬件条件无法有效地满足年轻教师的个人需求，尤其是以体育学科来说，城市学校的发展进程、开展力度和硬件配置都要远远好于乡村学校。所以，帮助改善乡村学校体育课程硬件配置，是吸引高学历年轻体育教师下乡教学的基础。乡村体育教师师资队伍只有不断注入"新鲜血液"，吸引更多的年轻体育教师参与进来，才能帮助乡村体育教育事业不断发展。

4. 创新乡村体育教师培训模式，开展多元化项目培训

培训方式应该符合参与培训的乡村体育教师的学习特点，改变单一课堂授课模式，让乡村体育教师根据教学环境和自身实际需要选择培训方式和内容。乡村体育教师对当地乡土文化比较熟悉，可以通过树立正确积极的乡村校本课程理念，开展具有学校校本特色的课程培训，将校本课程理念与实际有机结合起来，挖掘本土化的体育课程知识并加以灵活运用。当前，我国一些地方政府在进行乡村体育教师专业培训过程中出现了自主性不强的问题，这就要求相关政府部门要适度放权，形成以上带下的乡村体育教师专业培训体系。在设计相关培训项目时，要深入乡村地区进行细致调研，在分析乡村学校现阶段问题基础上，开展对应解决问题的培训课程，满足乡村学校、乡村体育教师、乡村学生的需求。部分乡村学校也可以利用自身师资力量优势，成立对应的专业交流学习团队，加强不同地区的教师间的相互交流沟通和分享经验。同时也可以培训一批"种子"教师，发挥模范示范作用，带动整体的乡村体育教师队伍的发展。乡村体育教师大多生长或工作在乡村地区，对隐形的乡村教育资源应该重视起来，将一些地区乡村经典戏剧戏曲、乡村习俗等具有乡土文化的教学资源课程融入培训过程中，帮助乡村体育教师灵活掌握这一部分资源并将其运用到实践教学中。进行包含教学内容、培训教师团队资源整合的相关资源库建设，形成从上到下、从国家到地方的培训体系。应充分加强本土环境优质教学和培训资源的利用，加大本地乡村体育教师之间的沟通交流学习。首先是通过开展本地教师培训可以提高培训效率和节约培训成本；其次是建立培训内容的教学资源库，将优质的教学资源资料、教学参考资料等收集并整合汇总到一起，方便乡村体育教师查询学习，改善乡村体育教师的自我学习资源环境和对知识结构的构建，方便不同地区教师之间的交流学习，打破城乡教师教学沟通的时空障碍，建立起城乡体育教师学习共同体。

5. 结合乡土情怀，设计满足参训教师需求的课程

（1）针对乡村体育教师专业培训的课程，只有得到一线乡村体育教师认可，才能最大限度地帮助他们。设计培训策略时，应全面考察培训所在地的实际教学环境，了解参训教师不同的主体需求，结合相关体育课堂专业培训的特点，尽可能做到全方面思考设计，才能最大限度上让参训教师满意。在开展相关培训课程中，结合乡土情怀，帮助培养参训教师建立正确的学习观念，观念的改变对日后的学习有很大的帮助，培训结果也会展现出良好的状态，帮助乡村体育教师迎合时代的发展要求。乡村体育教师最主要的学习方式还是依靠自己，即通过个体学习的方式来学习知识。乡村体育教师培训组织要帮助参训教师养成终身学习的习惯，不管是对参训教师的授课水平或者是日后的学历提升、继续教育等方面都能够得到受益。根据参训教师的不同需求，培训组织方要提供相应的书籍或者是网络学习资源，帮助参训教师解决需求、提高知识水平。另外，乡村体育教师培训组织方可以每隔一段时间为每一位参训教师制定一份发展建议，并根据参训教师个人的意见进行调整修改，争取最大限度帮助乡村体育教师明确学习方向和目标，在后续的具体执行过程中，培训组织方必须要做好后续的监督与指导工作，保证参训教师能够完成或提前完成预期目标。首先，乡村体育教学的发展应当充分与本土环境相结合。与城市不同，乡村的发展往往都具有与当地独特的自然条件和风土人情，在对当地体育教师的培训中，也应当注意将大环境与授课模式结合起来，重视开发利用当地资源，制定出适宜乡村体育教师发展的培训策略。其次，相较于城市来说，乡村地区的文化传统更是一脉相承，源远流长，当地传统思想观念深入人心，比较难改变。因此，在对乡村体育教师进行培训时，更应当考虑到这一点，在现代教育观念的创新中也要注重对当地文化传统的保护，制定与当地观念相结合的教学模式，也能提高当地学生的接受程度，提高学生的兴趣和配合度，更有利于体育教学的发展。最后，必须要重视的是，受到乡村地区经济发展的影响，当地体育器材和设施较为匮乏，这是乡村体育教学进展中一个不可避免的问题，因此，在对乡村体育教师的培训中，更要强调培养其利用当地广阔自然环境，取长补短制造教学设备的问题，与社会主义新农村建设的规划相结合，正是对这些资源开发利用的好时机，在乡村体育教学的授课中，教师应当学会充分利用大自然的优势，将大自然的资源利用到自己的课程中，在保证安全的前提下，让学生享受到不一样的运动环境。

（2）综合衡量，设计适用乡村环境的培训课程。乡村体育教师有许多需要在培训中学习和提高的，不仅要包括教育教学专业领域的知识，也要包括教育教学之外的综合知识。一是教育部门及负责乡村教师培训机构要确保对乡村体育教师培训的内容做到科学规划，丰富有趣，内容全面，更要着力解决乡村体育教师职业素养薄弱，综合素养偏差的问题，在乡村体育教师综合素质和教育教学水平的培训学习上下功夫，让受培训的乡村体育教师将学习的知识用到实践当中。二是培训学习形式要易于被乡村体育教师接受。教育教学培训形式丰富多彩各种各样，有传统的教学形式，也有创新的形式，面对面教学、互联网教学，两者相结合的，等等。目前来看，这些形式大部分都还是培训教师一个人的"独角戏"，受训学员的参与兴趣不高，教师与学员的互动率不高。要逐渐改变乡村体育教师培训中专家一言堂的理论报告局面，尽可能通过案例讲解，解决体育教育教学实践不能突出重点所暴露的问题。应该倡导把乡村体育教师作为培训主体，构建教育教学理论联系教育教学实践的创新培训模式，使乡村教师培训从专家一言堂式教学转变成为平等对话友好研讨性互动教学、从枯燥的纯理论型转变为理论实践有机融合型，使培训成果运用到实践当中。三是培训监管要有乡土气息。所谓乡土气息就是要体现乡村地区独特的人性化人文关怀。乡村学校较为分散、单个学校规模较小、师资力量薄弱，体育老师可能由其他科目老师代理或者一个学校一个体育老师给多个年级上课。传统的培训监管往往以严格且统一的形式而著称，这让乡村学校和乡村体育教师常常陷入无法合理有效地解决工学矛盾的尴尬境地。因此，要人性化地对待乡村教师培训工作的监管问题，应采取不影响乡村学校和教师工作的，灵活多样富有农村特色的监管形式，充分让受训的乡村学校和乡村体育教师感受到培训管理的人性化、乡土气息、人文关怀。同时构建一套科学有效的激励机制，激发乡村体育教师参与培训的主动性。四是创造可视化的培训效果。教师培训效果有迅速见效的短期呈现也有慢慢见效的长期效果，有可以被发现的显性效果也有隐藏起来的隐性效果。要使乡村教师能真真切切地感受到、体验到培训所带来的效果，需要教育主管部门把培训的侧重点从重形式转移到重效果上，充分了解乡村体育教师的现实需求之后再制定培训课程，解决乡村体育教师的急难愁盼问题，让乡村体育教师参与培训获得真正有用的效果，增强其教学工作和培训学习的信心。

（3）帮助提高参训教师结合当地实情设计体育课程的能力。乡村体育教师要引导学生参与体育活动：加强对学生体育锻炼的引导和教育，推广普及体育运动，增强学生体质和身心素质。同时，通过开展课外体育活动和社区体育活动，增加学生与乡村体育的接触和互动。一是激发学生对体育的兴趣：乡村学生对体育的兴趣相对较高，但是由于种种原因，学校的体育课程可能存在单一、枯燥等问题。因此，体育教师可以通过创新的教学方法和多元化的活动形式，激发学生对体育的兴趣，让学生喜欢上体育。二是制定符合乡村实际的体育课程：针对乡村学生的特点，体育教师可以制定符合实际的体育课程，比如增加农民体育、集体项目等内容。同时，可以针对学生年龄、身体条件、兴趣爱好等因素，制订不同的课程计划。二是建立基础体育设施：乡村地区体育设施相对较为薄弱，因此，体育教师可以积极争取政府和社会的支持，建立良好的体育设施，提供更好的体育场所和器材。三是开展丰富多彩的体育活动：体育教师可以开展丰富多彩的体育活动，如体育比赛、运动会、健康跑等，激发学生对体育的兴趣和参与度，同时提高学生的身体素质和协作能力。四是加强与家长的沟通：体育教师可以定期与家长进行沟通，了解学生的家庭情况和体育爱好，同时向家长介绍体育课程和活动，让家长更加关注和支持学生参与体育活动。在日常的体育授课中，出于体育课是促进学生身心健康这一特殊的出发点，授课老师可以适当考虑如今网络中盛行的"网红体育运动"，这些运动既可以达到锻炼身体的效果，又备受年轻人喜爱，将这些互联网上的新鲜事物融入平时的学习中，也可以提高学生的积极性，让更多学生乐于参与平时的体育锻炼。此外，现如今保障学生安全的智能产品越来越多，如果合理利用当地用于体育建设中的资金，可以酌情采买一些能实时了解学生身体状况的电子检测器，对学生的身体健康情况定期测量，并根据实际情况调整授课内容及方式，及时了解学生的真实诉求，将学生的心理和生理状况结合在一起，也将学生诉求和教师培训方案结合在一起。

乡村体育教育应该根据乡村特点，开展适合乡村的体育课程。一是调查当地体育教师的需求：在设计课程之前，可以开展调查研究，了解当地体育教师的培训需求和实际问题，根据调查结果设计相关的课程内容。二是与当地学校和社区合作：可以与当地学校和社区建立合作关系，了解当地教育和社区发展的需求和实际情况，根据当地实际情况设计和开展适合当地需要的课程。三是面向实际问题设计课程：在设计课程时，应该重视解决当地实际问题的能力培养，设计能够解决当地实际问题的课程内容，如乡村学校体育设施建设、学生体育健康教育等。四是引入实践教学环节：可以通过实践教学环节，将理论知识与实际应用相结合，让学员在实践中学习和掌握课程内容，从而提高课程的实用性和针对性。五是注重教学方法创新：应该注重教学方法的创新，采用多种教学手段和方法，如案例分析、小组讨论、现场观摩等，提高课程的吸引力和参与度。因此，这些课程应该与当地的体育文化密切相关，让学生在学习体育知识的同时，也能更好地了解当地的文化和风俗。

6. 加强乡村体育教师培训的多维管理

加强对乡村体育教师的招聘和选拔，重视教师的专业素养和实践经验，吸引更多优秀人才投身乡村教育。同时，对乡村体育教师进行定期考核，激励他们不断提升自身教学水平。加强师资队伍的选拔和培养：针对乡村体育教师的特殊情况，应该在选拔和培养师资队伍方面做出一些特殊的安排。应加强对乡村体育教师的选拔、培养和管理，提高师资队伍的整体素质和能力水平。同时，应注重培养教师的实践能力，加强实践教学环节的培训和考核，让教师在实践中得到锻炼和提升。例如，在选拔时应该优先选择具有乡村教育背景和乡村生活经验的人员；在培养时应该加强实践教学和师德师风的培训，以及提高其在课程设置、教学方法等方面的教育教学素养。应加强对乡村体育教师的选拔、培养和管理，提高师资队伍的整体素质和能力水平。同时，应注重培养教师的实践能力，加强实践教学环节的培训和考核，让教师在实践中得到锻炼和提升。乡村体育教师队伍中往往缺乏高水平、专业化的师资力量。因此，应该加强乡村体育教师的培训和提高，鼓励优秀的教师到乡村任教，并提供更好的待遇和职业发展机会，以吸引更多的人才加入乡村教育事业中。完善乡村体育教师专业培训计划，提高培训的针对性和实用性。针对乡村体育教师的特点，制定灵活、实用的培训内容和方法，增强培训的针对性和实用性。如可以增加实地教学、案例分析等教学方式，帮助乡村体育教师更好地理解和应用理论知识。

7. 借助多种形式，增加参训学员之间的交流沟通

同伴学习是乡村体育教师在参加培训或者是在日后的学习过程中得到成长的重要途径。参加教师培训工作的体育教师来自五湖四海，每个人的教学经验、教学方法和教学能力都有差异，通过形成同伴互助，互相学习对方身上的优点，帮助自己实现某些方面的提高，通过同伴之间的相互影响实现共同进步。乡村体育教师培训组织方可以建立帮带制度，让较高水平的骨干乡村体育教师来带动年轻或者在教学过程中出现较多问题的体育教师，通过骨干教师的带动作用，帮助一些参训教师实现快速成长，同时也能够帮助提高骨干体育教师的授课和讲解能力。年轻教师拥有着最新的知识结构框架，骨干体育教师拥有着丰富的教学经验，把二者的优势相互结合，结成同伴的形式互相学习。同时也可以借助网络的形式与知名教师互动交流，学习经验和方法。但在这个过程中，需要培训组织方的协同和监督，最终形成相应的考核评价机制来检验成果。

8. 加强对乡村体育教师培训的宣传，改善体育教师形象

应加强对乡村体育教师培训的宣传和推广，让更多的教师了解培训的重要性和必要性，积极参与培训，提高教师的专业素质和能力，从而推动乡村体育事业的发展。加强对乡村体育教育的宣传和推广，提高公众对乡村体育教育的认知度和支持度，营造良好的社会氛围和舆论环境。加强宣传和推广，提高乡村体育事业的社会认可度和影响力。同时，鼓励地方政府和社会各界人士加入乡村体育建设的行列，共同推动乡村振兴和教育事业的发展。乡村体育教育也应该加强与家长的沟通，让家长了解孩子在学校体育教育方面的情况，也让家长能够更好地参与孩子的体育活动，提高孩子的体育兴趣和参与度。一是定期举办家长会议。在家长会议上，乡村体育教师可以向家长介绍课程内容、教学方法和教学目标，让家长了解他们孩子在学校的学习情况，并解答家长的疑问。二是给家长发送学生在校动态。通过这种形式，可以让家长了解学校和课程的最新动态，如学生在体育比赛中的表现、学校举办的体育赛事、体育课程计划等。三是建立家长微信群或社交媒体平台。通过建立微信群或社交媒体平台，可以更加便捷地与家长进行沟通，及时解答家长的问题，让家长了解孩子的学习进度和教学内容。四是举办亲子活动。通过举办亲子活动，可以增进家长和孩子之间的感情，让家长更好地理解孩子的兴趣爱好和特长，为孩子的教育发展提供更好的支持。此外，乡村体育教师也可以在活动中与家长交流，让家长更加了解乡村体育教师的教学理念和方法，增进合作与信任。除了体育专业知识，乡村体育教师还需要具备很多综合素质，如组织能力、沟通能力、创新能力等。应该加强这些方面的培养，以提高教师的整体素质。通过开展文化课、心理健康、沟通技巧等方面的培训，提高乡村体育教师的综合素质。例如，可以组织相关的课程和培训活动，提高乡村体育教师的文化素质、心理素质和沟通能力，增强他们的综合素质。

4.2.2 加强乡村体育教师的培训力度，实现体育教师专业化专职化发展

在山东省乡村体育教学的发展中，体育教师代课现象严重，专业化人才短缺是较严重的问题之一。因此，在对乡村体育教师的培训中，应当重点关注乡村体育教师的专业化、专职化发展。

1. 加强校内管理，重视培训管理

山东省乡村体育教师是促进乡村体育发展的重要力量，学校在加强管理、重视培训管理方面可以采取以下措施。

（1）建立完善的管理制度。学校应该建立健全管理制度，制定规范的管理标准和流程，规范和指导教师的工作，明确规定教学内容、考核标准、考核方式等，让教师知道如何去教，如何去评估。学校作为乡村体育教师的管理者，需要建立一套完善的管理制度，以确保教师的工作效率和教学质量。首先，学校可以建立健全的考核制度，通过定期的教学督导和教学评估，评估教师的工作表现和教学质量，及时发现并纠正问题。其次，学校可以建立规范的教学流程和教学标准，确保教学过程的规范和质量。例如，对于不同年龄段的学生和不同体育项目的教学，学校可以制订相应的教学计划和教学标准，并对教师进行培训和指导。此外，学校也可以建立一套科学的奖惩制度，对于表现出色的教师进行奖励，对于工作不到位或者教学质量低下的教师进行惩罚，从而激发教师的工作积极性。此外，学校可以在日常管理中注重人文关怀，提高

教师的归属感和满意度。例如，学校可以为教师提供必要的教学设备和教学资源，以及舒适的工作环境，为教师提供合理的工资和福利待遇，建立良好的教师交流和协作机制，促进教师之间的交流和资源共享。此外，学校应注重培养教师的职业道德和教育理念，加强师德师风建设，鼓励教师积极参与社会公益和文体活动，提高教师的社会影响力和知名度。

总之，学校需要在乡村体育教师管理中注重教师的工作效率和教学质量，同时也要关注教师的人文关怀和职业道德建设，通过建立健全考核制度、规范教学流程和教学标准、科学的奖惩制度等措施，建立完善的管理制度，提高教师的工作积极性和教学质量。

（2）加强师资队伍建设。学校应该加强对乡村体育教师的招聘和选拔，选择有教育经验和体育专业知识的教师，招聘高水平的教练员和专业人员进行指导和培训。同时，要建立健全教师职称评定制度，为教师的晋升提供有力的支持。学校的招聘和选拔对于乡村体育教师的专业水平和教学质量起着至关重要的作用。为了加强对乡村体育教师的招聘和选拔，学校可以从以下三个方面进行改进和完善。首先，学校可以建立健全招聘和选拔制度，制定招聘和选拔的标准和程序，明确招聘和选拔的条件和要求，让招聘和选拔过程更加公开、透明、公正。例如，在招聘时，学校可以通过多种渠道发布招聘信息，包括公告栏、网络招聘等，增加招聘范围，吸引更多优秀的乡村体育教师应聘。其次，学校可以加强对乡村体育教师的考核和评价，通过教学督导、学生评教等多种方式对乡村体育教师进行考核和评价，及时发现教学中存在的问题和不足，并给予针对性的培训和指导，提高教师的专业水平和教学质量。同时，学校可以将考核和评价结果作为招聘和晋升的重要参考，以此促进乡村体育教师的职业发展。最后，学校可以加强对招聘和选拔过程的监督和管理，设置专门的招聘和选拔小组，对招聘和选拔过程进行监督和管理，确保招聘和选拔程序的公开、透明和公正。同时，学校可以建立反馈机制，听取教师和学生的意见和建议，及时纠正存在的问题和不足，进一步完善招聘和选拔制度。

综上所述，学校加强对乡村体育教师的招聘和选拔，需要通过建立健全制度、加强对教师的考核和评价、加强对招聘和选拔过程的监督和管理等多方面的措施，以实现提高乡村体育教师的专业水平和教学质量的目的。

（3）提供必要的培训和支持。学校应该定期为乡村体育教师提供培训和交流机会，提高其专业素质和业务水平。通过组织各种形式的培训，包括学术讲座、实践教学、教学交流等，让教师了解最新的教育理念、体育科学知识和最新的教学方法。同时，学校还应该给予教师必要的支持和鼓励，通过给予奖励、表彰等方式，激发教师的工作热情和创造力。具体而言，学校可以设立各种奖项，如先进工作者、优秀教师、优秀教学团队等，对表现突出的教师进行公开表彰，激励教师在教学工作中发挥创新和创造力。在奖项设置方面，学校可以参考国家、省、市、县的教育教学奖项，结合学校的实际情况设立相应的奖项。此外，学校也可以设立内部奖项，如学校自设的先进工作者、教学能手等，旨在鼓励和激励教师在各方面工作中的突出表现。除了奖项设置之外，学校还可以采取其他方式来激发教师的工作热情和创造力。如学校可以开展集体活动、集体学习等形式，营造良好的教育教学氛围。此外，学校还可以在工作环境、待遇、职称晋升等方面给予教师相应的优惠政策，提高教师的福利待遇，从而更好地激励教师的工作积极性和创造性。

（4）加强教学督导和管理。学校应该加强对乡村体育教师的教学督导和管理，及时发现和纠正教学中存在的问题，指导教师改进教学方法，提高教学质量。同时，要加强对教师的日常管理，包括教师考勤、教案备课、教学记录等，保证教学工作的有序进行。学校加强教学督导和管理，是提高教育质量的关键之一。在针对乡村体育教师的教学督导和管理方面，学校可以采取以下四个措施。首先，建立健全督导机制。学校应该成立专门的教学督导小组，由有丰富教学经验的教师组成，负责乡村体育教师的教学督导和评估工作。督导小组可以制定评估标准和流程，并对督导过程进行规范和管理。其次，开展多种形式的督导活动。督导小组可以采用多种方式对乡村体育教师的教学进行督导，如课堂听课、教案评审、课题研究、教学反思等，帮助教师提高教学水平。再次，建立激励机制。学校可以通过设立优秀教师评选、教学成果展示、教学经验交流等活动，激励和引导乡村体育教师积极参与教学督导和评估，提高教学质量。最后，注重反馈和总结。学校应该及时对教学督导和评估结果进行反馈，指出问题和不足，帮助教师改进教学方法和技能。同时，学校还可以将督导和评估结果进行总结，形成经验和教训，为今后的教学督导和管理提供参考。

综上所述，学校应该注重对乡村体育教师的管理和培训，提高教师的业务水平和教学质量，为乡村体育事业的发展做出积极的贡献。

2. 发挥名校和优秀教师的示范引领作用

山东省乡村体育教师专职化发展是当前乡村体育事业面临的一项重要任务，而名校和优秀教师的示范引领作用可以帮助乡村体育教师更好地实现专职化发展。下面从以下三个方面展开论述。

（1）建立专业发展规划。学校可以借助名校和优秀教师的经验，为乡村体育教师制订专业发展规划。规划要具有可操作性和科学性，包括培训计划、职称评定、职业晋升等内容，以帮助乡村体育教师实现专业化、职业化、现代化发展。一方面，学校可以邀请来自名校的教育专家和成功经验的优秀教师，为乡村体育教师进行专业培训和经验分享。例如，学校可以组织名校教师到乡村学校授课，或者组织乡村教师到名校参加培训，使乡村教师可以了解最前沿的教学方法和技能，提升自身的教学水平和能力。另一方面，学校可以结合乡村体育教师的实际情况和发展需求，制订适合乡村教师的专业发展规划。例如，可以根据乡村学校的实际情况，制订符合教师个人发展和学校发展的培训计划和目标，为教师提供更具针对性的培训和学习机会，使教师在专业领域能够有所突破。此外，学校也可以通过建立名师工作室等机制，让乡村教师有机会与名校教师深度交流，学习优秀教师的工作方法和经验，促进教师专业素养的提高和教育教学水平的提升。

总之，学校可以借鉴名校和优秀教师的经验，为乡村体育教师制订专业发展规划，提供更加优质的培训和学习机会，让教师能够不断地学习和成长，为乡村教育事业的发展做出更加积极的贡献。

（2）建立优秀的教学团队。学校应该以名校和优秀教师为示范，建立起乡村体育教师优秀的教学团队，鼓励教师之间相互学习、相互借鉴，分享教学经验，提高教学质量和水平。首先，学校可以邀请来自名校和优秀教师的专家进行指导和培训。专家可以针对乡村体育教师的实际情况，提供有针对性的培训课程和指导意见。同时，学校也可以借助专家的资源，引进名校的教学方法和先进的教育技术，让乡村体育教师学习和掌握这些技能。其次，学校可以通过建立教学研讨会、教师交流平台等方式，加强乡村体育教师之间的交流与合作，促进彼此之间的学习和共同进步。学校也可以安排教师进行团队教学，鼓励教师之间互相观摩、评估和反思，不断完善教学内容和方法，提升教学效果。此外，学校还可以注重对乡村体育教师的职业发展规划和评价体系的建立，通过对教师的职业生涯进行规划和引导，使教师逐步形成自我发展的意识和能力。同时，建立科学的教师评价体系，通过对教师的教学效果和职业能力进行评价，激励教师不断提高教学质量，推动整个团队的进步。最后，学校可以通过定期组织评比活动，激励优秀教师，树立乡村体育教师的典范，激发其他教师的工作热情和创造力。同时，对于表现不佳的教师，学校也应及时给予指导和帮助，提高其教学水平和工作积极性，从而提升整个团队的整体水平。

（3）加强政策支持。政府也应该发挥重要作用，制定相关政策和措施，支持名校和优秀教师发挥示范引领作用，为乡村体育教师专职化发展提供有力保障。政府可以加大对名校的支持力度，鼓励其加强与乡村学校的联系和交流，提供更多的资源和支持；同时，也可以加大对优秀教师的培养和选拔力度，鼓励他们到乡村学校工作，发挥自身的专业优势和示范引领作用。此外，政府还可以加强对乡村体育教师的培训和管理，提供必要的资金和政策支持，为其专职化发展创造良好的环境和条件。

总之，乡村体育教师专职化发展是当前乡村振兴战略的重要组成部分，需要名校、优秀教师和政府等多方合作，发挥各自的优势和作用，为乡村体育教师提供必要的培训和支持，推动其专业化水平的提升。

3. 深化体育教学科研工作

针对山东省乡村体育教师专业培训发展，可以通过以下方式来发挥体育教学科研作用。

（1）开设体育教学和科研课程。学校可以通过设置相关的体育教学和科研课程，引导乡村体育教师深入了解体育教学和科研的理论与实践，并在实践中不断提高自身的专业水平。首先，学校可以邀请一些名校和优秀教师来给乡村体育教师进行专业课程授课，分享最新的体育教学和科研成果，让乡村体育教师了解到最新的教学方法和科研成果。其次，学校可以组织乡村体育教师参加体育教学和科研的研讨会、学术讲座等活动，让乡村体育教师有机会了解当前体育教学和科研的最新动态，与其他教师交流和探讨经验。此外，学校还可以组织乡村体育教师参加一些体育教育专业的实践活动，如课堂教学观摩、学科竞赛等，让乡村体育教师在实践中不断提高自身的教学水平和素质。在上述课程设置和活动的基础上，学校还应该建立相应的考核机制，激励乡村体育教师深入了解体育教学和科研的理论与实践。例如，学校可以通过考核乡村体育教师的教学水平、参加学术活动和发表论文等方式，评定乡村体育教师的绩效，提高乡村体育教师的专业素质和教学水平。同时，学校还应该设立奖项或者提供额外的激励措施，以表彰那些在教学和科研领域表现优异的乡村体育教师，鼓励更多的乡村体育教师参与到体育教学和科研领域的学习和实践中。通过这些措施，学校可以帮助乡村体育教师建立自己的专业发展规划，不断提升自己的专业水平和教学质量，从而更好地服务于乡村体育教育事业的发展。

（2）建立专业学术交流平台。通过组织学术研讨、论坛等活动，促进乡村体育教师之间的交流和合作，让他们能够共同探讨体育教学和科研的前沿问题，提升专业能力和素质。这个平台可以通过举办学术研讨会、专家讲座、学科竞赛等方式，为乡村体育教师提供一个交流学术、分享教学经验的机会。比如，可以邀请来自名校或教育界的专家学者，为乡村体育教师带来前沿的教学理念、方法和技术，让他们更好地掌握专业知识和技能。此外，可以举办教学案例展示、教学评课等活动，让乡村体育教师互相学习、互相借鉴，从而不断提升教学水平。另外，学校可以建立专业的交流平台，通过在线教学、教学资源共享等方式，为乡村体育教师提供更广泛、更便捷的学术交流平台。比如，可以建立学科论坛、微信群、教学资源库等平台，方便乡村体育教师随时随地交流学术、分享经验。此外，学校还可以通过开展师生互动、师徒传承等形式，让乡村体育教师在实践中探索、总结、创新，从而不断提升教学水平和专业素养。总之，建立专业学术交流平台是提高乡村体育教师教学质量和教学效果的重要途径。通过建立交流平台，乡村体育教师可以更好地获取专业知识和技能，提高教学水平，同时也可以加强互相交流、互相合作，从而共同推动乡村体育教育的发展。

（3）开展体育教学和科研项目。学校可以通过申请相关的科研项目和教学改革项目，引领乡村体育教师参与相关的科研和教学改革，同时为他们提供展示自身专业水平的机会。具体地，学校可以成立科研项目申请委员会和教学改革项目申请委员会，由专家组成，负责评审和审核科研和教学改革项目申请，以确保项目的质量和实施效果。学校可以鼓励乡村体育教师积极申请科研和教学改革项目，并提供必要的帮助和支持，如提供项目申请的指导和咨询服务、协助寻找项目合作伙伴等。学校可以向乡村体育教师提供相关的培训和研讨会，以提高其申请和管理科研项目和教学改革项目的能力。通过参与科研项目和教学改革项目，乡村体育教师可以深入了解相关的理论和实践，同时有机会参与项目的设计、实施和评估，提高自身的专业水平和实践能力。此外，成功的科研和教学改革项目也可以为乡村体育教师提供展示自身专业水平的机会，促进其职业发展和晋升。

总之，通过申请相关的科研项目和教学改革项目，学校可以为乡村体育教师提供更多的专业发展和展示自身专业水平的机会，同时也可以促进学校教学质量的提升和学校的整体发展。

（4）搭建专业资源共享平台。通过建立共享资源平台，让乡村体育教师可以互相分享教学资源、教学经验和教学成果，同时也可以获取到最新的教育技术和教学方法，提高教学质量和效果。学校可以建立一个数字化的共享平台，包括线上和线下两种形式。线上平台可以提供共享资源的上传和下载功能，乡村体育教师可以在平台上分享自己的教学资源、教学经验和教学成果，也可以从平台上下载其他教师的资源。线下平台则可以安排定期的教学交流和研讨会，让乡村体育教师可以面对面地交流和分享经验。为了使平台更具有吸引力，学校可以制定一些激励政策，如对上传的优秀资源和成果进行评选并给予奖励。学校还可以邀请名校和优秀教师为乡村体育教师提供资源支持和指导，从而提高共享资源的质量和水平。另外，学校还可以根据不同的需求建立专门的资源共享小组，例如，有些乡村体育教师可能需要学习教学技能，那么学校可以为他们建立一个技能交流小组，这样可以让乡村体育教师更有针对性地分享教学资源和经验。同时，学校也可以开设一些线下的培训课程和研讨会，邀请名师为乡村体育教师提供指导和支持，促进乡村体育教师的专业成长和提高。

因此，对于乡村体育教师的专业培训发展，学校可以发挥教学和科研作用，鼓励教师探索新的教学方法和体育教学内容，提高教学水平。同时也可以提供科研项目和培训机会，促进教师的实践能力和科研水平的提升，以提高乡村体育教育质量，为乡村振兴做出更大的贡献。

4. 提高培训课程的针对性和实用性

针对山东省乡村体育教师专业培训发展，培训机构应该加强对培训内容的针对性和实用性，以提高培训的质量和效果。以下是四点具体建议。

（1）了解培训对象的需求和背景。培训机构应该对乡村体育教师的实际需求进行深入了解，包括他们的教学任务、教学环境、教学水平等，以便为他们量身定制培训内容。首先，学校可以通过开展问卷调查的方式了解教师的培训需求。问卷可以包括教师目前的工作状况、工作经验、专业知识水平、教学困难和需求、对培训形式的偏好等方面的问题。通过问卷调查可以全面、系统地了解乡村体育教师的需求和背景，为制订更加针对性的教师培训计划提供数据支持。其次，学校可以定期召开教师座谈会或学术交流会，听取教师的意见和建议，了解他们的实际需求和困难。这样可以建立起学校与教师之间的沟通机制，使教师有机会向学校反映自己的诉求和问题。再次，学校可以结合实际情况，制订个性化的培训计划，根据教师的背景和需求，为其提供有针对性的培训。例如，可以根据教师的教学经验和专业知识水平，设置初级、中级、高级的培训课程，让教师可以在不同层次的课程中选择适合自己的培训项目。最后，学校可以通过与相关单位、组织和企业建立合作关系，引入外部专业人才或资源，为教师提供更加丰富、多元化的培训内容和资源。这样可以让乡村体育教师接触更广泛的教育资源，提高他们的教育教学水平。

（2）关注当前的教学热点和难点。培训机构应该关注当前乡村体育教学的热点和难点问题，如新课程标准的教学要求、教学方法创新、学生兴趣激发等，将这些问题作为培训的重点内容。首先，培训机构可以通过广泛收集相关资料和调查研究，了解当前乡村体育教育面临的挑战和问题。例如，通过分析教师的评价和反馈，可以得到教师对于当前乡村体育教学中最困难和需要重点关注的问题，从而针对性地提供培训内容和方式。其次，培训机构可以定期举办研讨会和交流活动，邀请专业人士和教育学者参与讨论，探讨乡村体育教学的热点问题和难点问题。这样既能帮助教师们提高专业水平，又能够推动乡村体育教育的发展和创新。同时，培训机构还可以通过不断完善培训内容和教学方法，不断提高教师的教学能力和专业素养，为推动乡村体育教育的改革和发展做出积极的贡献。

（3）注重培训内容的实用性。培训机构应该注重培训内容的实用性，将理论与实践相结合，通过案例教学、模拟教学、实地考察等方式，让乡村体育教师能够掌握实用的教学技能和方法。案例教学是一种非常有效的方法，可以通过实际案例来让乡村体育教师了解如何处理实际问题。例如，培训机构可以准备一些关于教学案例的材料，让乡村体育教师通过分析、讨论等方式，深入理解案例中的教学问题，并提出解决方案。模拟教学也是一种常见的教学方法，可以通过实践让乡村体育教师掌握实用的教学技能和方法。例如，培训机构可以在教室里模拟一个实际的教学场景，让乡村体育教师扮演教师和学生的角色，模拟实际的教学情境，进行实际的教学操作和演示。实地考察也是一种非常实用的教学方法，可以让乡村体育教师深入教学现场，了解不同地区的教学特点和需求。例如，培训机构可以组织乡村体育教师前往一些优秀学校或者教学基地，深入了解当地的教学特点和实际需求，并观摩当地优秀教师的教学方式和方法，以便更好地应用到自己的教学实践中。总之，通过教学案例、模拟教学、实地考察等方式，培训机构可以让乡村体育教师在实践中掌握实用的教学技能和方法，从而更好地开展教学工作。同时，这些教学方法也可以帮助培训机构更好地了解当前乡村体育教学的热点和难点问题，以便更好地开展培训工作。

（4）开发适合乡村特色的培训课程。培训机构应该开发适合乡村特色的培训课程，如乡村运动会组织与管理、乡村少年儿童体育教学方法、乡村体育场地建设等，让乡村体育教师能够掌握适合乡村特点的教学方法和技能。首先，培训机构需要深入了解乡村体育教师的教学环境和教学需求，了解当地乡村特色的文化和体育传统，以此为基础制定课程方案。例如，针对一些乡村地区体育场馆条件较为简陋的情况，培训机构可以开发一些简单易行、节省成本的体育教学课程，让乡村体育教师能够在最基本的场地设施下进行有效的教学活动。其次，培训机构可以邀请一些拥有丰富乡村体育教学经验的专家和教师来授课，向乡村体育教师传授实用的教学技能和方法，并与乡村体育教师进行互动交流，让培训课程更具针对性和实效性。最后，培训机构还可以根据当地的体育赛事和文化活动特点，开设与之相关的体育培训课程，让乡村体育教师能够更好地指导和组织当地的体育赛事和文化活动，进一步促进乡村体育事业的发展。

综上所述，山东省乡村体育教师的专业培训需要培训机构设计针对性强、实用性高、内容丰富的培训体系，才能提高乡村体育教师的专业水平和教学质量，促进乡村体育事业的发展。

5. 发挥校本合作功能

校本合作是指学校之间或学校与其他机构之间的合作，旨在提高教学质量和教学管理水平。在山东省乡村体育教师专业培训发展中，校本合作可以发挥以下作用。

（1）共享资源。各个学校在师资力量、教学设备等方面的资源分布不平衡，校本合作可以帮助学校之间共享资源。例如，一些大学或高中可能拥有更好的师资力量和教学设备，可以与乡村学校进行合作，提供相关的教学资源和培训服务。首先，可以通过建立校际交流合作平台，实现不同学校之间的信息共享、教学资源共享、教学经验交流。例如，可以通过学校间的联合实训、师资共享等形式，让不同学校的教师互相学习借鉴，共同提高教学水平。其次，可以开展集体备课和教研活动，让教师们共同研究教学方法、教材和课程设计等问题，推动教学方法和课程改革。例如，可以利用集体备课和教研活动，让教师们共同探讨如何开展特色体育课程，提高乡村学生的体育素质。此外，还可以共同开展教学实践活动，为教师提供实践机会和交流平台。例如，可以通过教学观摩、实地考察、教学案例等形式，让教师们更好地了解乡村体育教学的实际情况，并通过实践活动不断提高自己的教学能力。总之，通过校本合作，不同学校之间可以实现资源的共享和互补，促进乡村体育教师的专业培训发展。在这个过程中，学校应该注重建立合作机制和规范，加强沟通协调，充分发挥各方资源优势，实现协同发展，从而更好地服务于乡村体育教师的培训和发展。

（2）开展合作研究。学校之间可以共同开展教育科研项目，通过研究提高教育质量和教育管理水平。这种研究可以有助于乡村体育教师发现问题并寻求解决方案，提高教学质量。同时这种合作可以跨越不同的学校、教育机构和地区，通过资源共享、经验交流、创新研究和课程开发等方式，为乡村体育教师的专业发展和教学水平提高提供有力的支持。举例来说，一些优秀的学校可以主动与其他学校合作，共同开展乡村体育教师专业培训项目。这些项目可以包括教学方法和教学设计、体育素质评估、课程开发、体育教学研究等内容。学校之间可以共享资源，如教学设施、教学材料、师资力量等，提高教学效果和教学质量。

同时，这些项目可以通过科研成果、教学案例等形式向更广泛的乡村体育教师推广，促进乡村体育教学的全面提升。另外，通过在科研项目中加入实践环节，可以让乡村体育教师将理论与实践相结合，更好地掌握实用的教学技能和方法。比如，学校可以组织乡村体育教师进行实地考察，观摩其他学校的教学实践，同时也可以邀请其他学校的教师到自己的学校进行授课或带领实践活动。这样可以通过交流和学习，共同提高教学水平和专业能力。因此，学校之间开展教育科研项目合作，是实现乡村体育教师专业培训发展的重要途径。通过资源共享、经验交流、创新研究和课程开发等方式，可以为乡村体育教师的专业发展和教学水平提高提供有力的支持。

（3）制订课程标准和教学计划。校本合作可以帮助乡村体育教师制订课程标准和教学计划，以确保教学内容与现代教育要求相符。合作可以让各个学校了解其他学校的教学模式和课程设置，借鉴好的经验，以此提高教学质量和教学管理水平。首先，学校可以建立一个由多个学科的教师组成的课程研究组，通过研究相关课程标准和教学要求，确定本校的教学目标和教学内容。其次，校本合作可以通过学校之间的交流和合作来制订课程标准和教学计划，学校可以相互学习借鉴对方的经验和做法，共同制订更为适合自身的教学计划。再次，学校可以邀请相关领域的专家或者名校的教师，参与课程标准和教学计划的制订，从理论上和实践上为乡村体育教师提供指导和帮助。最后，学校还可以通过建立课程资源共享平台，让不同学校之间可以相互分享课程资料和教学资源，从而提高乡村体育教师的教学水平和教学效果。

（4）开展师资培训。校本合作可以为乡村体育教师提供更好的培训机会。大学和高中可以派遣专业的师资力量前往乡村学校进行培训，或是为乡村学校组织线上或线下的培训活动，以帮助乡村体育教师提高教学技能和水平。这种合作可以让不同学校的乡村体育教师参与培训，共同分享和学习最新的教学理论和技术，并将其应用到课堂教学中。其中，具有相关专业背景和丰富教学经验的教师可以被邀请担任培训讲师，分享他们的教学经验和技巧，提高乡村体育教师的专业水平。此外，学校可以邀请专家学者进行专业讲座，介绍最新的教学方法和技术，帮助乡村体育教师了解和应用现代教育技术和手段，提高他们的教学能力和水平。例如，一些城市的学校可以与周边的乡村学校合作，共同开展教师培训。这种培训可以通过线上和线下的方式进行，让乡村体育教师通过互联网和视频等方式了解最新的教学技术和方法。在线下的培训中，学校可以邀请优秀的城市体育教师或专家学者到乡村学校授课，进行教学观摩和互动交流，让乡村体育教师近距离地学习和体验最新的教学方法和技巧。此外，学校还可以安排参观和实践活动，让乡村体育教师参观一些成功的学校或体育项目，学习先进的教学管理经验和方法，为课堂教学提供更好的参考和借鉴。通过这种方式，校本合作可以为乡村体育教师提供更好的培训机会，提高他们的教学水平和质量。

针对校本培训的方法，要发挥出乡村学校的重要性，不仅要做好教师之间的协调、管理工作，也要对培训过程做好监督。针对校本培训，乡村学校要做好全局的设计，做好培训工作受益的不仅是参加培训的乡村体育教师，更是参训教师所在的乡村小学。乡村学校可以将培训课程的安排和设计分解给全体教师，每个人负责对应的培训课程，在备课的过程也是一个学习的过程，更能够加深培训课程的印象。同时乡村学校也可以开展网络授课。结合参加培训的乡村教师实际的个体需求，调整培训课程的匹配性和适用程度。一项优秀合格的乡村体育教师培训活动，其培训课程内容应当做到兼具针对性和实用性，真正做到因材施教，切实帮助乡村体育教师获得成长。相对于城市学校体育教师较优越的教育资源和基础教学能力，乡村体育教师对先进的教学案例和前沿学科知识更为需求，并且希望能够在培训的过程中获得专业运动技能水平的提高。因此在开展乡村体育教师培训活动，要更注重培训课程的实用性，尽力满足参训教师的需求，努力提供针对性的服务，设计针对乡村体育教师迫切需求的调查问卷，进入乡村学校开展真实情况的调研，结合真实乡村教育环境，针对乡村体育课堂中出现的种种问题，努力做到培训课程内容的设计能帮助参训教师解决问题，同时也是帮助调动乡村体育教师参加培训的积极性。培训内容符合体育教师需求，才能够最终影响乡村体育教师培训的实效。针对乡村体育教师的需求进行科学专业的分析调研，明确此次培训活动的目标和方向，不断地收集乡村体育教师实际情况的信息和真实授课情况，根据乡村学校开展体育科目教学时遇到的难题制定相关培训内容，使培训的效果和意义更能够得到进一步的提高。针对乡村体育教师培训活动的内容，需要从多个层次需求理论基础进行综合分析，从社会、教师等不同角度进行讨论，培训教师先要帮助参加培训的乡村体育教师转变观念和想法，从需求的角度出发，主要针对新时代体育科目理论、体育课程管理、体育教师要求、学生需求、授课能力等内容具体培训，帮助参加培训的乡村体育教师提高眼界、丰富教学方法、提高运动技能、改变教育观念等。大部分参与培训的乡村体育教师都希望培训课程能够更加实用，能够帮助他们解决在实际教学过程中遇到的问题，并且希望培训课程能够具体化，例如针对一些留守儿童封闭的心理和思想问题，怎样能够最有效地帮助他们参与进课堂。结合实际案例，科学专业地分析问题所在并提出解决方法，推动乡村体育教育事业的不断发展。

总之，校本合作是促进山东省乡村体育教师专业发展的重要途径之一。通过共享资源、开展合作研究、制订课程标准和教学计划以及开展师资培训等方式，可以帮助乡村体育教师提高教学质量和教学管理水平，为乡村振兴建设做出贡献。

6. 加强与高等院校相关合作

与高等院校合作是促进山东省乡村体育教师专业培训发展的重要途径之一。以下是发挥这种合作作用的具体措施。

（1）建立联系和协调机制。乡村体育教师培训机构应与高等院校建立联系和协调机制，加强双方的合作和交流。首先，可以通过制定合作协议或框架协议，明确双方的合作目标、合作内容、合作方式和合作期限等方面的内容。这样可以确保双方在合作过程中有明确的目标和规划，并能够及时进行评估和调整。其次，可以通过定期召开联席会议或合作协调会议，对合作过程中出现的问题进行讨论和解决。这样可以及时了解双方的需求和情况，有针对性地进行合作和推进工作。最后，可以通过建立联络人或合作小组，加强双方的沟通和联系。这样可以建立稳定的联系渠道，及时共享信息和资源，促进合作顺利开展。例如，高等院校可以派遣教授或专家到乡村学校进行指导和培训，同时乡村学校也可以派遣教师到高等院校进行学习和交流，双方可以通过建立联系和协调机制，实现信息和资源共享，进而促进乡村学校体育教学发展。

（2）制订联合培养计划。乡村体育教师培训机构可以与高等院校合作制订联合培养计划，共同为乡村体育教师提供系统、全面的培训。在这个计划中，高等院校可以负责提供基础理论教育和技能训练，乡村体育教师培训机构可以负责提供实践培训和教学指导。首先，学校需要与高等院校建立合作关系，共同商讨制订合适的培训计划。合作的高等院校可以是体育类院校或教育类院校，也可以是跨学科的综合性院校。其次，根据乡村体育教师的实际需求，制订联合培养计划的培养目标、课程设置、培养模式、评价标准等。例如，可以针对乡村体育教师的实际工作情况和需要，设计具有针对性的课程，如体育教育心理学、教学设计与评价、运动训练等。同时，通过线上线下相结合的教学模式，如远程教育、网络直播、授课和实践相结合的混合式教学等，提供系统、全面、高效的教学培训服务。最后，合作双方还需明确评价标准和考核方式，以确保联合培养计划的实施效果和培养质量。如可以通过期末考试、教学设计和实操等方式进行考核评价。这样，可以保证乡村体育教师的培养质量，提高他们的专业素养和教学水平。

（3）开设专业课程和研修班。高等院校可以根据乡村体育教师的需求，开设适合他们的专业课程和研修班，为其提供针对性的培训。例如，高校可以根据乡村体育教师的实际需求，开设针对性的教育管理、教学设计、体育教育课程与评价等课程，通过教学实践、案例分享、研讨等方式，让乡村体育教师掌握更全面、深入的专业知识和教学技能。此外，高等院校还可以开展研修班，邀请专业教师和学者进行教学讲座、教学研究和实践操作等活动。例如，可以邀请专业的体育教育学者和教育管理专家授课，开展教学研讨会和案例分析，帮助乡村体育教师了解最新的教育理论和实践，以及体育教育的最新趋势和发展。通过这些方式，乡村体育教师可以不断学习、更新知识和提高技能，促进乡村体育教学质量的不断提高。

通过与高等院校的合作，乡村体育教师培训机构可以更好地提高教师的专业水平和教学质量，推动山东省乡村体育教师质量水平提升。

7. 注重职业信念和师风师德建设

乡村体育教师是山东省乡村学校体育教育的中坚力量，其职业信念和理念对于促进乡村学生身心健康和全面发展具有重要的作用。因此，对参训教师进行职业信念和理念内容的课程培训，加强师德建设是乡村体育教师专业培训发展中的关键问题之一。为了提高乡村体育教师的职业素养和师德修养，课程培训需要注重以下两个方面。

（1）强调教师职业操守和责任担当。培训课程应该强调教师职业操守和责任担当，让教师认识到作为一名乡村体育教师的职业责任和使命，传承健康、向上、积极的体育精神。首先，加强道德教育，培养教师的社会责任感和职业道德。在课程设置中，可以增设职业道德与职业操守相关的教学内容，引导教师在教学实践中秉持高尚的职业道德，践行职业操守。其次，加强案例教学，让教师从实际案例中认识到职业操守和责任担当的重要性。可以通过分享成功案例和教训故事等方式，让教师深入了解自身职业操守和责任担当的重要性，激发其责任感和担当精神。此外，加强实践教学，让教师在实践中体验职业操守和责任担当。可以通过课外实践、社区服务等方式，让教师深入社区，了解乡村体育教育的实际情况，积极参与乡村体育事业，提高教师的责任担当和职业操守。最后，加强师德建设，让教师深入了解师德要求，强化自身职业操守和责任担当。可以通过师德建设培训、师德考核等方式，评价教师的职业操守和责任担当，并对表现出色的教师给予相应的表彰和奖励，从而进一步强化教师的职业操守和责任担当。

（2）加强教师伦理道德教育。教师伦理道德是职业素养的重要组成部分。应该引导教师遵守职业道德规范，做到公正、客观、诚信，不断提升自身的职业道德素养，为学生树立正面的榜样。在培训课程中，可以通过案例分析、讨论交流、实践操作等形式，让教师了解职业道德规范的内容和要求，并引导教师思考如何在日常工作中体现职业道德。此外，还可以通过组织讲座、请专家指导等方式，让教师了解当前的职业道德形势和发展趋势，进一步提高他们的职业道德意识。其次，可以通过建立激励机制，鼓励教师遵守职业道德规范。比如，可以设立职业道德奖励制度，对遵守职业道德规范、表现突出的教师进行表彰，给予物质和精神上的奖励，让教师感受到社会和学校的关注和支持。同时，也要建立严格的监督和惩处机制，对违反职业道德规范的教师进行严肃处理，维护职业道德的严肃性和权威性。最后，要注重教师的自我反思和提升。可以通过个人自查、集体讨论等方式，让教师对自己的职业道德进行反思和评价，发现不足之处，并制定改进方案。同时，要为教师提供不断提升职业道德素养的机会，如参加职业道德研修班、跨学科交流、实践探究等活动，让教师通过自我学习和实践提升职业道德素养，不断提高教育教学水平，为学生树立正面的榜样。

因此，山东省乡村体育教师专业培训应该注重教师职业道德、教育教学能力、自我修养和思想教育等方面的培训，加强师德师风建设，为乡村教育事业的发展提供强有力的支持。

8. 树立"以人为本"的教学理念

乡村体育教师专业培训的目标之一是要以人为本、以学生为本。要做到这一点，首先需要注重教师个体的情况，建立个性化的培训方案，满足不同教师的需求和实际情况。其次要注重提高教师的教学能力，通过开展提高教师的教育水平、课堂教学技巧和心理辅导能力等方面的培训，使教师能够更好地应对学生在课堂和生活中遇到的各种问题。此外，还需要关注学生的需求，加强对学生身体健康、综合素质等方面的培训，提高教师的综合素质，使他们能够更好地为学生的全面发展服务。

在注重以人为本、以学生为本的培训中，还需要充分发挥参训教师的主体作用，建立起良好的互动和反馈机制。如可以通过课堂教学观摩、教学案例分享、教学反思等形式，促进教师之间的交流和互相学习，推动教师自我提高和进步。同时，还可以引导教师与学生、家长之间的沟通和交流，建立起良好的师生家庭三方联系，形成教育的共同体。

针对以人为本、以学生为本的理念，在乡村体育教师专业培训中应该得到充分的体现。具体来说，应该注重以下五个方面。

（1）教师培训的目标应该是为了提高学生的体育素养和综合素质，而不是单纯为了提高学校的比赛成绩。因此，培训内容应该以学生的需求为导向，注重培养学生的兴趣和自信心，提高他们的身体素质和运动技能。

（2）培训机构应该注重教师的情感体验和认知体验，让他们在学习的过程中感受到快乐和成就感，提高他们的职业满意度和专业水平。

（3）培训内容应该注重个性化和差异化，针对不同地区和学校的实际情况，提供个性化的培训方案，让教师能够更好地适应当地的教学环境和学生需求。

（4）培训应该注重实践性和创新性，通过实践教学和反思总结，帮助教师更好地将培训内容运用到实际教学中，创新教学方法和手段，提高教学效果和学生满意度。

（5）培训机构应该注重评估和反馈，通过对教师的培训成果进行评估和反馈，帮助教师了解自己的优劣势，及时调整自己的教学方法和策略，提高教学质量和学生满意度。

总之，以人为本、以学生为本是乡村体育教师专业培训的核心理念，也是实现乡村体育教育现代化的关键。培训机构应该注重针对性、实践性、创新性和个性化，让教师在培训中感受到快乐和成就感，提高他们的职业满意度和专业水平，最终为学生的身心健康和综合素质的提高做出积极贡献。

9. 提高政府部门对体育教育的重视程度

山东省乡村体育教师专业培训的长足发展离不开政府的保障和重视。以下是五种具体措施。

（1）资金保障。政府应该提供充足的资金来支持乡村体育教师专业培训，包括教材购买、培训师资、教学设备更新等费用，以保障培训的质量。首先，可以通过财政补助、教育经费调配等途径向乡村学校提供专门的培训经费，以保障培训的顺利开展和质量。其次，可以鼓励企业、社会团体等向乡村体育教师提供资助，以扩大培训的覆盖面和影响力。此外，政府部门可以通过税收减免、优惠政策等方式鼓励企业和个人向乡村体育教师专业培训提供资助，增加资金来源。最后，政府部门可以与高等院校合作，充分利用高校资源，通过科研项目、科研成果转化等方式为乡村体育教师提供培训经费。以山东省为例，山东省政府可以通过实施"乡村振兴战略"，加大对乡村教育的投入。在专业培训方面，省教育厅可以设立"乡村教育师资培训基地"，每年安排专项资金支持乡村学校开展体育教师专业培训。此外，政府还可以向乡村学校提供教材、教具等教学资源，帮助教师更好地进行教学。在资金筹措方面，政府鼓励企业向乡村教育领域捐赠，通过实施税收优惠政策等方式吸引企业参与到教育事业中，增加乡村教育的投入。

综上所述，政府部门可以通过多种途径来提供充足的资金支持乡村体育教师专业培训，为教师提供更好的培训条件和资源，促进乡村体育教育的发展。

（2）政策支持。政府可以出台一系列的政策来支持乡村体育教师专业培训，如税收减免、政策优惠等，鼓励社会力量投入乡村体育教育。其中，税收减免是一种常见的政策手段。政府可以对向乡村体育教师专业培训捐赠资金或者设备的企业、个人进行税收减免，这样可以鼓励更多的社会力量参与乡村体育教育事业。此外，政府还可以在资金补贴、政策优惠等方面给予支持，如对乡村体育教师参加培训的学费和住宿费用进行一定比例的补贴，对资金、设备等方面的投入给予适当的政策优惠，以吸引更多的社会力量参与乡村体育教育。这些政策的出台可以有效提高乡村体育教师专业培训的质量和数量，促进乡村体育教育的全面发展。此外，政府还可以出台奖励措施来鼓励社会力量投入乡村体育教育。例如，对于向乡村体育教育提供帮助的企业或个人，可以给予荣誉称号或表彰，以及相关的政策奖励，如税收优惠、信贷支持等。这样一来，不仅可以提高社会的关注度和认知度，还可以增强社会的参与度和积极性，从而提高乡村体育教育的质量和水平。另外，政府还可以建立相关的政策法规和监管机制，来保障乡村体育教师专业培训工作的有序进行。例如，可以制定相关的培训标准和考核评价机制，以保证培训内容的科学性和有效性；可以建立相应的监管机构和督导机制，对培训机构和师资队伍进行监管和督促，确保培训质量和培训效果的稳步提升。同时，政府还可以加强与教育机构和专业组织的沟通和合作，形成多方合作、共同推进的良好局面，从而让乡村体育教育事业得到发展和壮大。

94

（3）重视程度。政府应该提高对乡村体育教师专业培训的重视程度，提高其在政府工作报告、政策制定等方面的地位和影响力，让专业培训成为政府发展乡村体育教育的一个重要环节。政府对乡村体育教师专业培训可以采取以下措施。首先，在政府工作报告中强调对乡村体育教师专业培训的支持和关注，明确政府责任，让乡村体育教师专业培训成为政府推进乡村振兴战略、实现教育公平的重要举措之一。其次，在政策制定过程中，加大对乡村体育教师专业培训的支持力度，如制定相应的经费扶持政策、减免培训费用的措施、为专业培训师资提供税收优惠等，让乡村体育教师专业培训成为得到政策优惠和支持的重要领域。此外，政府可以设立相关部门或机构，成立专项工作组，将乡村体育教师专业培训纳入日常工作和长期计划中，确保乡村体育教师专业培训得到持续的政府支持和监管。最后，政府可以借助媒体等渠道，积极宣传乡村体育教师专业培训的重要性和成果，引导社会各界关注并支持乡村体育教育的发展，进一步提高乡村体育教师专业培训的地位和影响力。

（4）建立协同机制。政府可以与教育部门、乡镇村委会等各方面合作，共同促进乡村体育教育的发展。政府可以在资金、政策、项目等方面提供支持，为乡村体育教育的发展创造更加良好的环境。首先，政府可以与教育部门合作，制订乡村体育教育发展的战略规划和政策文件，明确培训方向和目标，提高乡村体育教师的教学水平。政府可以为乡村体育教育提供更多的政策支持和资金支持，同时，也可以通过引导社会力量的参与，为乡村体育教师提供更加专业和全面的培训。其次，政府还可以与乡镇村委会等各方面合作，开展协同工作，共同推进乡村体育教育的发展。政府可以通过建立乡村体育教育的监管机构，加强对教师培训的监督和管理，确保教师培训的质量。同时，政府也可以通过与乡镇村委会合作，推动乡村体育场馆和设施的建设和更新，为乡村体育教育提供更好的场所和设备。最后，政府还可以与乡村体育教育的各类组织和机构合作，共同推进乡村体育教育的发展。如政府可以与乡村体育俱乐部、校外培训机构等合作，共同组织乡村体育教师培训和学生活动，拓展乡村体育教育的资源和渠道，提高教师和学生的参与度和体验感。综上所述，政府应当加强与教育部门、乡镇村委会等各方面的合作，建立起协同机制，共同推进乡村体育教育的发展。这样可以为乡村体育教育的提高提供更好的政策支持和资金支持，也可以为教师和学生提供更加专业和全面的教育培训。

（5）监管和评估。政府可以建立严格的监管机制，监督培训机构的教学质量和课程设置，确保教师获得有效的培训。政府还应该定期对培训成果进行评估，以及对乡村体育教育整体水平进行测评，以便及时调整培训方向和政策支持。首先，政府应该明确培训机构的资质要求和监管标准，要求培训机构必须具备相应的教学设备和资质认证，同时对培训机构进行定期监管和考核，对于不合格的机构，要采取相应的惩罚措施。其次，政府需要对培训内容和教材进行审核和审定，确保其符合国家相关政策和标准，并定期对培训课程进行调研和评估，及时调整培训内容和课程设置，以适应教育发展的需求。再次，政府应该建立投诉和监督机制，鼓励广大师生及家长发挥监督作用，及时反馈问题，加强对培训机构的监管。最后，政府可以采用多种方式加强监管，比如建立监督平台、定期召开监督会议、组织考核评估等。在监督平台方面，政府可以建立一个在线监督平台，让教师和学生能够及时提交监督意见，对培训机构进行监督；在召开监督会议方面，政府可以定期召开教育监管会议，邀请相关专家和机构参加，共同研究和解决教育监管中的问题；在考核评估方面，政府可以制定严格的考核标准，通过对培训机构的教学质量、课程设置等方面进行评估，提高培训质量和教学效果。总之，政府需要建立起一套科学合理的监管机制，通过严格的管理、优质的服务，提高乡村体育教师专业培训的质量和水平，进一步推动乡村体育教育的发展。

此外，政府可以加大对乡村体育教育事业的资金投入和政策扶持力度，比如设立专项经费，支持乡村体育教师参加培训和进修学习，建立奖励机制，鼓励优秀乡村体育教师在乡村振兴和学生健康成长方面发挥作用。同时，政府也可以通过对乡村体育教师队伍的普查和调查，了解乡村体育教育的发展现状和存在问题，进一步完善政策措施，推动乡村体育教育事业的全面发展。

综上所述，加强政府层面的保障和重视程度，是推动山东省乡村体育教师专业培训发展的重要途径。政府应该在制定政策和投入资金的同时，注重实际效果，加强监管和评估，确保乡村体育教师专业培训的有效性和实效性。

10. 构建专职培训与评价体系

为了加快山东省乡村体育教师专业培训的发展，需要构建一个专职培训与评价体系，以提高培训的效果和质量，具体措施如下。

（1）制定相关政策和标准。政府应该制定相关政策和标准，规范乡村体育教师专业培训的内容、培训方式、培训周期和培训费用等方面，明确培训的目标和要求。在制定政策和标准时，需要考虑以下四点：首先，要明确乡村体育教师专业培训的目的和任务。乡村体育教师专业培训的目的是提高乡村体育教师的教学水平和教育素质，促进乡村学生的身心健康发展。制定政策和标准应当充分考虑这一目标，确保培训内容和方式能够有效地达成这一目标。其次，要明确培训的内容和方式。乡村体育教师的培训内容应当包括体育课程设计、体育教学方法、体育器材使用和维护等方面的知识和技能，培训方式应当包括课堂教学、实践操作、在线学习等多种形式。政策和标准应当规定具体的培训内容和方式，确保培训的科学性和针对性。再次，要明确培训的周期和费用。政策和标准应当规定乡村体育教师专业培训的周期和费用，确保培训周期合理、费用公开透明。同时，政策和标准还应当明确各级政府对乡村体育教师专业培训的经费保障和支持政策，确保培训的持续性和稳定性。最后，政策和标准的制定还应当充分考虑乡村体育教师的实际情况和需求。政策和标准的制定应当充分征求乡村体育教师的意见和建议，确保政策和标准具有可操作性和可执行性。同时，政策和标准的执行也需要逐步完善和改进，确保政策和标准能够真正发挥作用，促进乡村体育教师专业培训的发展。

（2）建立培训中心。建立乡村体育教师专业培训中心，提供统一的培训课程和培训资源，负责培训教师的教学能力、管理能力和科研能力等方面。建立乡村体育教师专业培训中心可以为乡村体育教师提供更加统一、规范和专业的培训服务。该中心应该具备完备的设施和资源，包括教学场所、教学设备、教学材料等。中心可以邀请专家、学者和行业精英开设课程，提供系统、全面、深入的培训，覆盖乡村体育教育的方方面面。此外，该中心还可以向乡村学校提供专业的咨询和支持，帮助乡村体育教师解决教学难题和提高教学质量。以山东省为例，可以建立山东省乡村体育教师培训中心，作为全省乡村体育教育教师培训的重要基地。中心可以与山东省各高校合作，共同制定课程体系和教学大纲，为乡村体育教师提供全面、系统、前沿的培训。中心还可以与当地乡村学校开展合作，提供专业的教育咨询和支持，帮助乡村体育教师解决实际教学难题，提高教学质量。此外，中心还可以充分利用现代信息技术手段，开发线上课程和资源，使更多的乡村体育教师可以通过互联网学习和参加培训。中心可以开发在线课程、教学视频、电子书等资源，方便乡村体育教师随时随地进行学习和参考。同时，中心还可以建立在线交流平台，让乡村体育教师之间进行互动和交流，分享教学经验和心得，共同提高教育水平。

乡村体育教师专业培训中心可以设立在省级教育行政部门或高等院校，也可以由多所院校合作共建。建立这样的中心，可以集中优势资源，形成协同效应，提高培训的质量和效果。中心可以拥有完整的培训体系和标准化的培训课程，针对不同层次、不同领域的乡村体育教师制定不同的培训方案，满足他们的不同需求。同时，中心还可以利用先进的教学设备和技术，采用多种培训方式，如面授、在线教育、远程教育等，提高培训的灵活性和实效性。为了确保中心的稳定运作和可持续发展，建立中心时需要考虑到多方面的因素。首先，需要制定中心的章程和管理制度，明确中心的组织结构、职责分工、管理机制等。其次，需要充分发挥各方的优势资源，如省级教育行政部门、高等院校、专业机构、企事业单位等，形成多元化的培训资源和服务体系。此外，还需要建立健全财务管理和监督机制，确保资金使用的透明度和合理性，防止出现违规问题。总之，建立乡村体育教师专业培训中心是促进乡村体育教学发展的重要举措。通过集中资源、统一标准、提高质量，中心可以为广大乡村体育教师提供更加全面、系统、有效的培训服务，为推动我国乡村教育事业发展做出积极的贡献。

（3）配置专职培训师资。招聘具有丰富教学和管理经验的专职培训师资，从教育专家、名校教师、学科领域专家等方面进行选择，提高培训质量。这些专业人士通常在教育领域拥有多年的经验，具有丰富的实践经验和教学方法，可以为乡村体育教师提供高质量的培训。此外，应该注意招聘师资的多样性，包括不同性别、年龄、教育背景、学科领域等。这有助于提高培训的多样性和针对性，以适应不同乡村体育教师的需求。招聘过程中，可以通过多种途径来招聘专业人士，如招聘广告、招标、推荐等。在选择师资时，应该根据其教育和管理背景、工作经历、荣誉等方面进行评估和筛选。在最终决定师资时，应该考虑他们的专业知识和教学能力，以及对乡村教育事业的热情和承诺。此外，招聘专职培训师资时，还应根据乡村体育教师的实际需求，确保师资队伍的多样性和灵活性。例如，在招聘教育专家时，可以重点考虑那些具有丰富的乡村教育经验和乡村体育教学实践经验的专家，这样可以更好地满足乡村教育的实际需求。同时，还可以招聘那些在相关学科领域拥有丰富经验和研究成果的专家，如体育科学、心理学等领域的专家，他们可以为乡村体育教师提供更深入、专业的培训内容。在招聘名校教师时，可以优先考虑那些来自乡村地区的优秀教师，他们具有深厚的乡村教育背景和经验，并且能够更好地理解和满足乡村体育教师的需求。此外，还可以考虑那些退休的名校教师，他们拥有丰富的教学和管理经验，可以为乡村体育教师提供更多实用的教学技能和方法。总之，招聘具有丰富教学和管理经验的专职培训师资需要根据乡村体育教师的实际需求和培训目标进行选择，以确保师资队伍的多样性和灵活性，提高培训质量。

（4）进行考核评价。建立乡村体育教师专业培训的考核评价体系，对参训教师进行能力测试和学习成果评价，对教师的学习效果和培训质量进行量化评价，以此激励教师参与培训，提高培训质量。为了建立乡村体育教师专业培训的考核评价体系，我们可以从以下三个方面入手。首先，根据培训内容和目标制定能力测试和学习成果评价标准。例如，如果培训的目标是提高教师的运动技能，可以设定相关的技能测试和评分标准；如果培训的目标是提高教师的教学能力，可以设定教学案例制作和演示等考核要素。其次，制定评价方法和程序，明确评价的时间、方式和流程。如可以采用考试、问卷调查、课堂观摩等多种评价方式，对教师的学习成果和表现进行全方位的评价。同时，要建立评价结果反馈机制，将评价结果及时反馈给教师，帮助他们发现问题、改进不足。最后，对评价结果进行量化分析和综合评估，形成评价报告，为今后的培训提供依据和参考。例如，在山东省可以设立评价委员会，由各地市和高校的教育专家组成，负责制定评价标准和方法，统一组织考核评价，对评价结果进行分析和综合评估。评价委员会可以根据评价结果对教师进行分类管理，制定个性化的培训计划和措施。同时，评价委员会还可以定期发布评价报告，反馈培训的效果和问题，为各地市和高校的教育管理者提供参考，优化培训方案和改进教学质量。这样的考核评价体系有助于激励教师参与培训，提高培训质量，提升教育教学水平。

（5）推广与宣传。政府部门应该加大宣传力度，推广乡村体育教师专业培训，提高教师参与培训的积极性和参与度。政府部门在推广乡村体育教师专业培训方面可以采取多种宣传方式，以提高教师的参与度和积极性。首先，可以通过各种渠道，如广播、电视、报纸、网络等媒体，发布乡村体育教师专业培训的政策文件和培训计划，向全社会传递培训的重要性和优势，激发乡村教师的培训热情。其次，可以通过举办专业论坛、经验交流会等形式，邀请名师、专家等一线人士分享培训心得和教学经验，提高乡村体育教师的专业知识和实践技能。此外，政府部门还可以与各级教育行政部门、乡镇教育局等单位合作，共同开展宣传工作，扩大宣传范围，增强宣传效果。最后，政府部门可以在推广过程中加强与乡村教师的互动交流，了解他们的实际需求和反馈意见，及时调整培训内容和方式，提高培训质量、增强教学效果。此外，政府部门可以利用多种渠道加大宣传力度。如可以在各大教育网站、教育论坛和教育 App 等平台上发布有关乡村体育教师专业培训的信息和新闻，让更多的人了解这项工作的重要性和现阶段的进展。政府部门也可以与当地媒体合作，通过电视、广播、报纸等传统媒体传播信息，增强宣传效果。并且，政府部门也可以与教育行业协会和组织合作，利用他们的人脉和资源进行宣传。这些协会和组织通常有自己的会员和广泛的教育资源，可以通过他们的网络和渠道向更多的人传递信息。最后，政府部门还可以利用社交媒体和在线社区等互动平台与教师进行互动，增强宣传效果和参与度。政府部门可以建立专门的微信公众号和QQ群组，定期发布最新的培训信息和教育动态，同时也可以通过这些平台与教师进行交流和互动，回答他们的问题和解决他们的疑虑，提高教师参与培训的积极性和参与度。

总之，构建一个专职培训与评价体系对于加快山东省乡村体育教师专业培训发展至关重要。只有这样，才能提高教师的专业能力，提高乡村学生的体育水平，推进乡村教育的健康发展。

4.2.3 以现代"互联网＋"技术带动乡村体育教师整合创新

党的十九大报告中提到"积极发展'互联网＋教育'，推进乡村学校信息化基础设施建设，优化数字教育资源公共服务体系。落实好乡村教师支持计划，继续实施农村义务教育阶段学校教师特设岗位计划，落实乡村教师生活补助政策，建好建强乡村教师队伍"。在科技日新月异的新时代，农村发展与现代化进程并不互相冲突，新农村的发展处处充斥着科技要素。因此，对乡村体育教师的培训也一定要善于利用科学技术，同时也要培养教师在授课中利用新科技的能力。互联网拉近了城乡之间的时空距离。"互联网＋教育"的新型学习模式不断推进，使乡村体育教师能够更方便地从网络获得自身所需要的课程，借助网络平台，开展相应的远程课堂和网课培训进行乡村体育教师职后培训，在一定程度上帮助了那些没有时间或者机会参加培训的乡村体育教师，让更多的乡村体育教师能够有机会继续学习、丰富自身知识和见识。

1. "互联网＋"技术对乡村体育教师培训的影响

"互联网＋教育"丰富了乡村体育教育的开展形式。科教兴国战略指出，积极发展"互联网＋教育"，建立健全乡村学校信息化基础设施，建立数字化教育资源公共服务体系。伴随着我国近年来网络技术的发展，全国绝大多数地区已经实现全网覆盖，这使在乡村地区开展"互联网＋教育"成为现实。互联网技术的运用丰富了乡村学校体育课的开展形式，授课方式更加多元化，相对于传统的室外上课形式，室内体育课可以排除更多影响体育课程顺利开展的因素，如阴雨天气等。同时随着现代科技的不断发展，互联网技术早已运用到课堂教学中，运用互联网平台可以更方便地帮助学生了解体育运动知识和体育时事新闻，对体育学科能有一个更全面的了解，帮助学生走进体育、爱上体育，不断提高学生对体育课的重视程度。

在互联网大数据背景下，信息技术的运用极大地帮助了乡村体育教师培训事业的发展。多媒体信息处理运用能力也成为每一位教师的教学技能。高速发展、日益完善的互联网技术极大程度上改善了目前的教学环境，在开展乡村体育教师培训的过程中为参训教师提供更多的平台来实现自身知识水平的提高，营造出主动积极学习的氛围和态度，改善乡村体育教师的培训效果。同时，参训教师在培训地接受培训时可以提高同步学习网络设备的操作能力和利用网络寻找教学资源进行授课的水平，丰富了乡村体育教师的教学方式，帮助乡村学校实现教学条件和教学水平的同步提高。

当前，在乡村中小学体育教师培训的教师人数名额上，依然存在着乡村体育教师参加培训的名额不能满足乡村体育教师人数众多的需求、培训教学的目的性不强、乡村体育教师教学与工作和培训之间存在着乡村体育教师培训模式老旧缺乏创新亟待转型创新升级等问题。特别是在当今信息化数字化互联网融合产业大数据思维的时代背景下，如何将互联网与传统模式下乡村体育教师培训教育方式生动有机地融合在一起，建立一套适合乡村地区学校体育教师培训学习的新模式已是当务之急。该模式可以促进乡村体育教师在培训中学习到更多理论知识和更多把理论转化为实践的能力在现代教育中，先进的教育技术已经成为不可或缺的一部分，然而在乡村体育教育中，这种情况并不普遍。乡村地区对于现代化教育技术的投入相对较低，导致乡村体育教育中使用的教育技术相对落后，如电子白板、多媒体教学等。这种情况限制了乡村体育教育的教学质量和教学成果的提高，也阻碍了乡村体育教育的发展。因此，应该加强对乡村体育教育的现代化技术投入，提高教育技术水平，为乡村体育教育的发展提供更好的支持和保障。现代化的体育教育离不开先进的教育技术。因此，应该加强对乡村体育教育技术的投入和支持，引进和普及现代化的体育教育技术和设备，提高乡村体育教育的教学质量和教学成果。乡村体育教育需要不断创新，但是目前乡村体育教师专业培训缺乏对教师创新意识和创新能力的培养，导致教师对乡村体育教育的创新和发展能力不足。因此，应该加强对教师创新意识和创新能力的培养，提高教师的创新能力和素养，为乡村体育教育的创新和发展提供更加有力的支持。

2. 数据库的建设对培训的重要性

开展山东省乡村学校体育教师培训工作是一项长期的工程，要想实现工作前后的协同持续发展就要建立与培训活动相关的数据库，同时完善相对应的培训活动的激励与评价体系。数据库的建设一是要将培训课程与培训教师资源整理整合，利用优秀培训教师的辐射作用，带动当地优秀教育培训资源的合理利用，帮助参训教师之间进行更多的交流和沟通，根据不同教师所经历的不同问题和教学现状整合在一起，统一调配资源和师资去解决，更具备效率，也更节省成本；二是要将培训内容相整合，将优质的培训网络课程和教学资料等汇总在一起，便于参训教师后续的学习和查阅，在一定程度上提高了参训教师的自主学习能力，运用网络技术打破时空限制，让乡村教师也能及时全面地了解到想知道的内容；三是要将参训教师的基本情况整合起来，从培训需求、学习状况、跟踪反馈状况、评估情况等方面入手，做好基本情况的整合可以为后续参加培训提供标准或指标，也可以根据参训教师的反馈情况重新设计符合需求的培训课程。资源数据库的建立使培训资源得到最大限度的合理利用。

3. 互联网技术的运用对乡村体育教师培训的作用和意义

（1）作用。

第一，收集、整合学习资源。在传统的教学模式下，学习资源只能通过课堂授课的形式习得。互联网技术的出现，教育资源进行了快速的重组、再建和整合。国家为了整合现有的优质网络教育资源提倡建设"三通两平台"，让优质网络教学培训资源能够在"互联网＋"的模式下进行更好的整合和优化配置。传统教育形式要求参训教师或学生必须在固定的时间、地点学习固定的内容，但运用了"互联网＋"模式下的新型培训学习形式不仅可以突破学习的时空限制，还可以根据自身的个体需求选择不同的网络教学资源来学习。"互联网＋"观念现在已经融入社会发展和各行各业的方方面面，基于互联网技术运用的多项创新技术同时也为社会发展带来了源源不断的动力支持。教育事业作为当今社会发展中关键的一环，需要得到更多的关注，将"互联网＋"与教育工作的开展融入一起，推动现代教育事业现代化、信息化发展。在"互联网＋"整体的大环境下，对于乡村体育教师的培训工作也可以以网络形式为支持进行整合创新。在具体的培训工作中，要明确认识网络技术的优势，根据实际情况找到最适合参训教师需求的培训模式，让乡村体育教师培训更加便利，让乡村体育教师走上可持续学习的发展道路。乡村体育教师培训方式应该符合参训教师个人的学习特点，培训课程更加实际、方法更加灵活，创造更符合参训教师特点的培训环境。互联网平台可以实现优质培训教学资源的持续化丰富，帮助乡村体育教师培训内容实现延伸性、拓展性。乡村体育老师通过线下与线上相结合、解读相关纲领性文件、网络教学资源分享与拓展。以典型体育教学课堂案例为基础，建立实际体育课堂教学环境，与乡村学校体育教学课堂实际情况紧密结合。"互联网＋"背景下进行的网络课程对改善乡村体育教师培训效果有着重要作用，同时高质量网络课程的不断丰富也体现出网络化培训资源的优势。要充分利用网络资源优势，整合不同的资源，让乡村体育教师能够在网络上学习和下载各种培训资源。保证乡村教师培训的自由性、便利性和自主性，扩大建设乡村学校培训网络资源。在乡村教师培训中要充分利用大数据、网络课堂等新技术，推进乡村体育教师培训活动开展的信息化培训服务平台建设和应用，推动以分享、讨论、互动为特征的授课方式变革，构建促进乡村体育教师学习能力提升的支持体系。乡村体育教师也可以分享自己的教学经验或者是在教学、培训环节遇到的问题困惑，并与其他优秀教师进行交流对话、寻求经验，以更好地实现资源共享、经验互通，努力做到缩小城乡教育资源之间的差距。基于网络远程交流的乡村体育教师培训交流体系，是实现教师教学水平、专业素养提升的有效途径。"互联网＋"教育是一种全新的教师培训方式，会吸引更多的乡村体育教师产生参与培训的想法，提高主观能动性。同时这种培训方式也可以融入教学中，乡村体育教师在接受培训的过程中更高效、方便地使用网络资源，对参训教师日后的教学工作也会起到一定的指导作用。

第二，使培训授课形式多元化。"互联网＋"技术的运用极大程度上改变了乡村学校体育教师培训的授课形式。随着网络信息化的不断更新，"互联网＋"乡村体育教师培训模式将大幅度解决乡村体育教师培训困难、培训资源稀缺、专家培训匮乏的问题，通过构建云端网络学习平台，展开线上教学培训工作，实现从最初的黑板加粉笔的传统授课模式到现在的信息化、网络化授课。网络资源的丰富、信息化社会的进步发展，打破了乡村教师培训的时空阻碍，在一定程度上缓解了乡村教师教学工作与培训学习之间的矛盾。乡村体育教师培训工作通过互联网技术的技术支持变得更加科学、合理，同时乡村体育教师有更多的机会能够了解并学习到最新的体育教学理念和专业知识，进而对后续的教学工作做出对应的修改，并不断促进乡村体育教师培训网络平台实现优质教学资源的实时共享。

乡村地区中小学教师参加的培训形式较为传统，大部分还是以专题讲座的形式进行，只重视学术理论的观点阐述，而忽略了根据乡村中小学的实际教学实践问题进行分析引导与演示。乡村体育教师对参加教学培训并不抵触，但是一部分乡村体育教师参加教学培训的目的性不够明确，甚至有些教师并不是想提高自身而是为了逃避工作外出放松。这一点也同其他研究者的结论类似，有学者研究表明，一些教师对于自身认识不到位且安于现状，对教学培训不够重视。一部分教师认为自己水平已经达到一定的标准，所以认为教学培训对自己来说是多余的活动。对于乡村体育教师培训所采取的方式丰富多样，培训模式既有可以通过乡村体育教师在岗进行的专家讲座、与高校合作进行函授教育，也可以通过互联网平台进行远程培训和教师间专题研讨，还可以通过离岗进行交流参观学习、参加学术交流会议和学历提升课程进修班等进行。培训内容应丰富多样，覆盖知识面广、人员广泛。在培训的过程中，对于教学知识的教授方法和思路需要极高的重视度，也不能忽视体育教师自身能力培养，但是又不能不考虑相关知识对于乡村体育教师在乡村体育教学中适用性的研究，所以如果内容选取不能立足于乡村学校的实际情况很难以引起教师共鸣，就无法将培训内容实实在在地贯彻。乡村体育教师专业技能的产生与进一步增强，不仅要靠理论知识的创新发展和观念的转变，还要根据实际情况调整教学理念以及与之相适应的教学方法。如果想实现这些要求单纯参加几次教研会议是远远不够的，所谓"欲速而不达"，这些要求也不是短时间达成的。近一段时间各地区教育部门普遍推广互联网信息化培训，该项举措确实是未来乡村体育教师教育发展的方向。不仅能够减少乡村体育教师往返学校和培训地点的时间精力消耗，还可以让乡村体育教师自主安排时间。当然互联网信息化培训也存在弊端，很多课程只是借助网络培训平台播放培训教学视频，乡村中小学教师缺乏参与性主动性，难以使被培训乡村体育教师引起共鸣，面对缺乏弹性的互联网教学和传统式的讲座，被培训的乡村体育教师学员学习的参与感和创新创作思维就难以调动起来。

互联网技术的发展为乡村体育教师培训提供了更多的机会和可能性。以下是借助互联网帮助乡村体育教师培训的六种方式。①在线课程。可以通过在线教育平台或者学习网站开设体育教学相关的课程，提供在线学习和考核，为乡村体育教师提供灵活的学习机会。②远程视频教学。可以借助视频会议技术，邀请专业的体育教育老师或者体育专家进行远程视频教学，为乡村教师提供更广泛的专业知识和教学经验。③微信群/论坛。可以创建微信群或者论坛，邀请专业人士或者相关机构，提供教学资源和交流平台，为乡村教师提供学习和交流的机会。④在线交流平台。可以创建在线交流平台，如博客、微博等，让乡村体育教师了解更多体育教学的新知识、新方法和新技术，提高其专业素养和教学水平。⑤在线测试与评估。可以通过在线测试和评估系统，测试乡村体育教师的教学水平，并提供相关的反馈和建议，帮助乡村体育教师及时发现问题和改进。⑥视频资源库。可以建立视频资源库，收集整理相关的体育教学视频和案例，供乡村体育教师自主学习和参考。总的来说，互联网技术可以为乡村体育教师提供更多的学习资源和交流平台，帮助其提高专业素养和教学水平。具体在以下两个方面有所提高：①体育教师职业素养的培养。培养体育教师的教育理念、教学方法、课程设计等方面的素养，让体育教师在实践中能够灵活运用，提高教学效果。②实践教学的加强。通过实践教学，让体育教师更好地掌握教学技能和方法，了解乡村学生的实际情况，更好地进行个性化教育，提高教学质量。此外，体育教师专业培训应该采用多种形式，包括线上线下相结合，利用各种现代化的培训手段，如在线视频、微信公众号等，实现对乡村教师的有效覆盖，还要建立起一套完整的考核体系，对体育教师的培训成果进行全面的评估，以保证培训的有效性。另外，体育教师专业培训体系应该与乡村体育教育管理体系相结合，建立起一个完整的乡村体育教育管理和服务体系，提高乡村体育教育的整体水平。

第三，推进乡村体育教师之间的合作与交流。充分利用互联网培训平台方便快捷的特性为乡村体育教师提供其他地区体育教师的优质体育视频课，给参与培训的乡村体育教师提供可观看模仿和研究讨论的平台。这种使受训乡村体育教师拥有参训主动权的培训学习形式，体现了顺应互联网时代信息化数字化的潮流，通过构建乡村体育教师培训协同合作共赢、共建乡村体育教师培训平台，共享培训学习资源的培训学习理念。拓宽乡村体育教师培训课程知识覆盖，最主要的目标是开阔接受培训的乡村体育教师的眼界，将体育培训课堂和教学实践进一步延展，塑造积极主动参与乡村体育教师培训的学校体育文化，形成学习培训内外和学校内外体育培训课堂一体化的创新思维模式。接受培训的乡村体育教师应精准把握国家出台的有关大政方针。领会关于乡村体育培训相关大政方针。学习运用互联网平台和信息化开展体育课堂教学和组织乡村学校体育竞赛，积极筹备乡村学校体育活动。另外充分利用微信等培训学习平台所具有的移动互联网高效性、方便快捷的优势，快速反馈培训学习进展情况并及时回复进行交流讨论，做到教学培训者与受训者之间的高效联系，为参加培训的乡村体育教师提供最优质、最前沿的学校体育新闻信息和最方便快捷的学习平台，有效提高乡村体育教师培训学习活动的凝聚力。推进乡村体育教师之间的合作与交流，促进信息共享、资源整合和经验交流，形成合作共赢的局面。一是建立乡村体育教师交流平台。可以建立微信群、QQ 群或其他社交媒体群组，让乡村体育教师可以在这些平台上互相交流、分享教学经验和资源，并进行合作研究。这种方式可以打破时空的限制，使乡村体育教师之间的交流更加便捷。二是开展教学观摩活动。可以通过组织乡村体育教师到其他学校或地区进行教学观摩活动，从中学习和借鉴其他教师的教学经验和方法，同时也可以与其他乡村体育教师交流和互动，促进合作和共同进步。三是组织教学研讨会。可以通过组织教学研讨会，让乡村体育教师在研讨会上分享自己的教学经验和教学方法，同时也可以听取其他乡村体育教师的意见和建议，进行互动交流，提高教学水平。四是制订教学合作计划。可以与其他乡村体育教师制订教学合作计划，共同开展体育教学活动，共同研究和解决教学难题，通过合作提高教学水平，为学生提供更好的教学服务。五是建立教学合作项目。通过建立教学合作项目，让乡村体育教师们共同制订教学计划、分享资源和开发教材。这些合作项目可以促进乡村体育教师之间的合作，增强教师的专业技能和知识。六是促进体育赛事和活动。组织体育赛事和活动可以为乡村体育教师提供一个交流和合作的机会。例如，组织一次乡村学校体育比赛，让不同学校的体育教师们共同合作组织比赛，分享资源和交流经验。七是支持教师参加职业发展活动。为乡村体育教师提供参加职业活动的机会，如参加学术会议、进修课程、专业培训等。这些活动可以帮助教师们扩展专业技能和知识，增强信心和动力。

第四，运用新技术帮助乡村体育教育事业的发展。随着信息技术的发展，可以利用现代技术手段提升乡村体育教学效果。例如引入虚拟现实、人工智能等先进技术，开发出适合乡村教育的教学资源，并提供教师培训课程，使乡村体育教师能够更好地应用信息技术教学。随着现代化教育手段的不断发展，应该推广更多的现代化教学手段，如互联网、多媒体等，以提高教学效果。在现代信息技术日益普及的背景下，科技创新与教育融合已成为教育发展的重要趋势。一是加强信息技术基础设施建设。乡村地区普遍存在网络带宽不足、网络覆盖不全、计算机硬件老化等问题，这会对信息技术在乡村体育教学中的应用带来一定的阻碍。因此，需要加强对基础设施建设的投入，提高网络带宽和覆盖率，更新计算机硬件等，以支持信息技术在乡村体育教学中的应用。二是建立信息技术教师培训机制。在信息技术应用方面，乡村地区的体育教师可能存在知识储备不足、技术应用不熟练等问题，需要通过培训来提高其信息技术水平。可以建立信息技术教师培训机制，定期组织相关培训和学习活动，使教师掌握信息技术教学的理论和实践技能。三是推广在线教育平台。随着信息技术的发展，有许多在线教育平台可以提供高质量的课程和资源，这些平台可以较好地解决乡村地区教育资源匮乏的问题。通过推广这些在线教育平台，为乡村地区的体育教学提供更加丰富的资源和支持。引入先进的技术手段，如虚拟现实、云计算等技术，创新乡村体育教育的教学方法和手段，提高乡村体育教育的质量和效果。四是制定信息技术应用指导方针。为了保证信息技术在乡村体育教学中的应用能够顺利进行，需要制定详细的指导方针，明确信息技术的应用范围、方法和标准等，以保证教学质量和效果。五是增加信息技术教学案例。可以通过采访和调研等方式，收集和整理信息技术在乡村体育教学中的成功案例，以此作为借鉴和学习的对象。同时，也可以将这些案例进行宣传和推广，促进信息技术在乡村体育教学中的应用。因此，乡村体育教育也需要积极探索科技与教育的融合，利用现代信息技术手段提高教学效果，推广数字化教育资源，拓展乡村体育教育的创新发展空间。

第五，运用新技术改善培训活动评价体系。运用"互联网＋"不仅可以创新网络培训的新形式，更可以改善当前的评价体系。运用大数据进行培训后的追踪指导、评价活动。通过网络技术，分别建立培训教师和参训教师各自的网络评价平台。培训教师可以反思自己的培训方法和内容，以及根据课堂效果对自己的培训过程形成培训报告等帮助自己以后改善此方面的问题；参训教师可以在网络培训评价平台上写出自己的真实培训感受，包括对培训目标的确定、培训内容是否符合自身发展需求、培训形式是否多种多样以及培训教师是否满意等其他方面的内容，并将自己在本次培训学习中的困惑和期待与其他参训教师进行沟通。借助网络平台将培训教师、参训教师、第三方机构、教育部门负责人、乡村学校方等纳入评价主体。实现培训评价主体的多元化，所有的评价主体都可以通过借助网络平台的形式进行互动讨论，来使培训活动更顺畅、合理、实用。

（2）意义。

培训对加强乡村教师信息技术应用能力提升有重要的意义。参训教师通过在乡村体育教师培训的课程中学习利用互联网技术，形成主动寻找教学资源主动学习的过程，进而使参训教师将这些知识和教学资源主动投入自身的教学环节，提升了参训教师的网络信息搜索能力和实践能力，慢慢地帮助参训教师完成观念的转变。在进行信息技术运用环节的培训时，要帮助参训教师形成反思意识，通过反思查漏补缺和思考日后需要学习的方向，通过反思端正自身的学习态度，增加与其他参训教师之间的经验沟通，发现自身在互联网环节的薄弱项目并加以深入学习，提高自身的互联网信息技术应用能力。通过不断学习互联网平台，乡村体育教师要逐渐提高自身的职业认同感和科研意识的主动性。一方面，乡村体育教师的职业认同感强弱会影响自身进行继续学习活动动力的强弱；另一方面，能否主动产生发展意识对于乡村教师来说十分重要；在进行乡村体育教师培训的过程中，要强调是否接受科学、正确的教育模式对学生的重要程度，不断增加参训教师的教师职业责任感，鼓励参训教师积极进行创新，不断完善现有体育课教学形式和内容，激发乡村体育教师的学习能力和热情，在探索的过程中不断成长、不断反思、不断完善，在进行新课改的过程中努力成为专业能力强的高能力教师，不断增强自身的科研意识；教师参加相关的培训活动，并不代表着只能被动接受培训方的培训内容，参训教师同时可以利用网络上丰富的课程资源主动学习，提升教师自我能力和学习意识，利用网络平台针对自身薄弱环节进行补强，促进自身科研能力的进一步提高。如今处于高速发展的信息时代，只有利用好互联网这一包罗万象的信息平台，做到观念与时俱进，才能够有效地促进自身的后续发展进而推动乡村教育事业的高质量发展。

4. 大数据的运用对乡村体育教师培训的影响

大数据可以为乡村体育教师培训做出很大的贡献：（1）针对教师的个性化培训。利用大数据分析教师的个人信息、学历背景、教学经验等数据，为教师提供个性化的培训方案，满足教师在专业技能和素质方面的需求，提高教师的教学质量和绩效。（2）教学资源的智能推荐。利用大数据技术对全国各地优质教学资源进行收集、整理和分类，以及对教师在平时的学习行为进行跟踪和分析，从而推荐合适的教学资源，提高其教学效果。（3）教学评价的科学化。利用大数据技术对教师的教学行为和学生的学习行为进行数据分析，建立科学的评价体系，从而对教师的教学绩效进行量化评估，进一步提高教师的教学水平和绩效。（4）教学数据的分析。利用大数据技术分析教师和学生的行为数据，发现和分析教学过程中的问题和难点，及时进行改进和调整，提高教学质量和效率。（5）教育决策的支持。利用大数据技术对教师培训的效果进行数据分析，提供有关教育政策、资源配置和管理等方面的决策支持，促进乡村教育的可持续发展。（6）数据分析帮助了解乡村体育教师的培训需求。通过分析数据，可以了解乡村体育教师的培训需求，如他们所需的课程类型、培训时间和地点等，从而为培训机构和培训者提供指导和建议。（7）多媒体教学工具支持在线教育。通过利用大数据技术，可以为乡村体育教师提供多媒体教学工具，支持在线教育，有助于提高教学效率和培训质量，同时也为乡村体育教师提供了更加灵活便捷的学习方式。（8）数据挖掘和预测模型帮助优化培训方案。通过应用数据挖掘和预测模型，可以分析乡村体育教师的学习和表现情况，并为培训机构和培训者提供反馈和指导，以优化培训方案和增强培训效果。（9）大数据技术帮助评估培训效果。通过收集和分析大量数据，可以评估乡村体育教师的培训效果，了解培训方案的优点和缺点，并为改进和优化提供指导，同时，也可以帮助评估乡村体育教师的工作表现，从而提高他们的工作满意度和专业素养。（10）数据共享促进乡村体育教育合作发展。通过建立数据共享平台，可以促进乡村体育教育合作发展，让不同地区的教师和机构共享数据和信息，从而更好地了解各自的需求和资源，推动共同发展。

4.2.4　健全相关法律政策，完善配套管理体系

1. 建立完善的评估与反馈机制

我们要意识到乡村体育教师的培训不是一件一蹴而就的事情，必须给乡村体育教师的培养建立起一个完善的制度。因此，首先要从上而下建立起一个定期培训的长期培养模式，从入职开始与阶段性考核相联系，定期对教师的授课成果进行考察，加大日常培训力度，建立起教师培训的大平台。除此之外，另一个需要重视的部分就是乡村体育教师的评价机制，现阶段的评价机制不够完善，评价范围应该更加广泛，要包含体育教学、体质水平检测、体育活动组织情况等方面。现阶段的评价机制没有考虑到乡村教师这一群体的特殊性，相对于城市教师来说，乡村教师基础知识的掌握程度较弱，统一的评价机制对乡村教师来说意义不大，甚至可能会打击部分乡村教师的积极性，影响乡村教育的持续健康发展。政府部门作为政策的制定者和执行者，更要履行好监督者的职责，将相关政策落实到位。制定的政策要符合乡村体育教师的实际需求，能够切实帮助他们解决问题，不能只停留在表面工作，要做到深入调研，了解乡村教师真实的生活和工作情况。科学、合理的政策会让乡村教育的发展锦上添花，错误的政策实施会产生消极的影响，对后续乡村振兴战略的全局推进产生反作用力。

此外，应建立相应的管理机制以保障平台持续稳定运行。首先，应

建立培训需求管理的评估与反馈机制。学校、教师进修学校、培训机构应共同参与，通过评估加强对培训需求管理的全程监控。着重审视需求分析模型的科学性，检查过程中是否存在逻辑问题，结论是否合理。同时，应关注非培训所能解决的问题，并将其纳入培训内容。其次，应建立信息分享制度。应全员申报结果进行汇总并及时公布，允许学校、教师进修学校查阅辖区内每位教师历年的申报信息及达成情况。此外，与自主调研模块相关的信息也应该以适当的方式进行公开。最后，应制定平台使用与管理办法，以确保平台的持续高效运行，根据安全、便捷、公平等原则，明确用户的权利与义务。加快完善乡村教师培训考核评估制度，一个有效的评价机制，既可以鼓励教师参与培训，也可以提高培训专家的责任。针对乡村教师参与培训动机不强、积极性不高的问题，建议完善培训考核评价体系，其中包括建立培训项目、培训专家、教师三重评价体系。通过建立培训项目评价机制，可以提高项目本身的质量；通过建立专家培训评价机制，可以提高项目实施的质量；通过建立参与教师评价机制，可以激发和促进参与教师参与培训活动的积极性。将这三种方法结合起来，可以最大限度地发挥培训评价的反馈效应，增强培训效果。

　　与此同时，还应建立以下机制。首先，建立培训评估机制。政府可以建立培训评估机制，对乡村体育教师专业培训进行定期评估和反馈，确保培训效果的科学评估和反馈。评估结果可以用来指导下一阶段培训计划的制定和改进，保证培训的连续性和有效性。其次，加强师资队伍建设。政府可以加强对乡村体育教师师资队伍的建设，提高教师的教学能力和职业素养，增强乡村体育教师的教学信心和能力。政府可以组织专家和经验丰富的乡村体育教师开展培训，同时也可以鼓励乡村体育教师互相学习和交流。最后，加强教学资源支持。政府可以提供乡村体育教师所需的教学资源，如教材、教学设备、场地等，还可以加强与当地体育组织、社会团体的合作，共同为乡村体育教育提供支持和帮助。因此，应该完善乡村教育体制机制，提高乡村教育的地位和质量，为乡村体育教师的发展创造良好的环境。制定完善的乡村体育教育政策和规划，确保乡村体育教育的顺利发展和长期稳定。

　　乡村体育教师的教学评价体系相对不完善，因此需要建立一套完善的评价体系，以评估乡村体育教师的教学水平，并提供相应的帮助和指导。（1）加强对乡村体育教师的评价和监管，确保乡村体育教师的教学质量和教学水平符合要求，同时对违反规定的教师进行严格的问责和惩处。（2）建立健全管理制度，提高培训的质量和效益，明确培训的目标、内容、方式和考核标准，提高培训的质量和效益。例如，可以建立完善的考核制度，对乡村体育教师进行考核和评价，鼓励优秀教师发挥其潜力，提高培训的效果。（3）建立完善的评估机制，对培训项目进行全面、科学的评估，包括教师培训的内容、方法、效果等方面的评估，以便及时发现问题并改进。培训结束后，评估员可以通过网络对项目和专家进行评估，而不是现场评估将这些信息直接发送给培训管理部门。这将确保评估的真实性和客观性，并使评估结果与未来培训项目的批准和培训专家的聘请相联系。对于参加培训的教师的评价，一方面，采用明确而严格的考勤制度，获取对教师培训态度的数据。教师通过评价规范参与培训，在某种意义上是强制性的，但也是必要的，通过该举措将外部义务培训规定转化为内部参与的主动性和积极性。另一方面，培训专家会通过有效的作业或考试，对乡村教师的培训结果进行评价，以反映参与培训的教师的培训效果。培训促进者根据以上两项考核成绩确定参与教师的培训水平和学分。教育主管部门可以通过制定政策将这一层次的培训与职称考核、录用结合起来，也可以与乡村教师申请教育硕士学位结合起来。通过适当降低乡村教师教育硕士考试成绩或放宽招聘要求来激励和激发乡村教师的积极性，也可以增加乡村教师的发展机会。

为了更好地保障乡村小学教师的基本权利，政府管理者应该认真了解乡镇中心小学、村完小和村小教学点之间的差异和关系，并根据国家现有的法律法规，不断丰富和完善乡村小学的规章制度。同时，应建立相应的教师监督系统，以确保规章制度的有效执行。根据调查结果，乡村小学教师按照同一考核标准进行评价，这对村小教学点是不公平的。此外，选拔制度主要是领导优先，无法激励那些专注于教学的教师。因此，政府管理者应该建立一个公平的评价标准，以确保村小教学点和乡镇中心小学都能够获得公正评价。同时，选拔制度应更注重教学能力和贡献，以激励教师更加努力工作，提高乡村小学的教育质量。因此，建议设立教师岗位制，包括教学、管理和后勤等职位，让教师们充分发挥自身优势，各司其职。对于负责工作的教师，应该进行考核，并对那些有"铁饭碗"思想、不努力工作的教师进行警告或惩罚，并给予正确指导。对考核优秀的教师要实现加薪或升职，以此鼓励教师积极努力，让他们的付出得到领导的认可和回馈。此外，对于年龄偏大且身体不好的教师，应该提供提前退休的机会，让他们可以回家休养，同时也利于乡村小学注入新的"血液"。

2. 健全乡村体育教师培训的专业体制机制

健全改善乡村体育教师专业培训的体制机制首先要从目前乡村体育教师培训的现状来分析，根据现阶段出现的问题和情况，针对参训体育教师的实际需求和个人需要，设计具有针对性、符合当地参训教师发展需求的培训方案，努力做到每个开展乡村体育教师培训的地区都能有自己独特的培训方案，并且在培训活动进行的过程中及时听取参训教师的意见和反馈，培训活动结束后也要进行后续的反思并对此次活动的开展形成书面性的总结报告。后续开展相关专家学者对此次乡村体育教师培训的全面评价评估活动，对培训活动的全过程进行科学、合理的测评，通过后续的评价形成总结，针对效果不佳的培训活动进行重新设计完善。其次从乡村体育教师专业培训的培训内容方面来分析，培训活动提供的课程内容要综合考虑参训体育教师的个体需求、个人能力、个人素质和培训所在地的教学环境教学氛围等因素，针对处于不同层次的参训教师提供不同类型的培训课程，设计从初级到高级不同类型的培训内容来满足处于不同层次的参训教师需求，并且同时要考虑设计培训课程的专家学者是否了解参训教师所在乡村学校的教学环境和教学实情等因素，真正做到对培训课程的全面考量。在"国培计划"和互联网信息教学手段逐渐成熟的影响下，从省级到市级再到各县区各种各样的教师培训层出不穷，对本就师资力量薄弱的乡村学校正常体育教学产生了极大的压力，造成不必要的教学秩序混乱，甚至有不少学校的老师出现为了完成培训学习而培训的情况，不少教师因为不仅要完成学校里的教学任务，还要兼顾各类培训的学习和考核，这样的不合理安排也让一部分乡村体育教师产生了抗拒参加体育教师专业培训，甚至产生了消极怠工的情况，导致乡村体育教师培训的质量和效果大打折扣。众所周知，一切科学合理且成熟的教学培训体系都是需要认真地对待才能有效地达成目标进行实践，如果在实施过程中受训的乡村体育教师参与积极性不高，在思想上不够重视消极对待，对培训缺乏热情甚至存在应付了事等急功近利的思想，一定会严重影响培训学习的质量，不能有效地达成目标任务。这就需要我们建立法治化、制度化、持续化、终身化的发展培训体系，与乡村体育教师入职前的培训做到互通有无，构建一整套多元化连续性的教培一体化机制，更需要对当前乡村学校的各类各级人员进行相关专业化培训，不仅要针对乡村体育教师层进行培训，还要对学校的领导和培训组织领导的管理理念、教育教学观念、教育教学方法进行行之有效的培训和提高。乡村体育教师师资水平，是推动基础教育改革并提高乡村基础教育水平的重要一环。在科学研讨与培训相结合的培训理念上，要把对乡村体育教师的教育教学行为改进作为导向；要把重点放到提高乡村体育教师实践反思能力和对实施新方法理念的理解能力上，帮助乡村体育教师专业素养的全面提高和发展；要以乡村体育教师的实际需求和具体问题为中心形成适应当地环境的培训内容。培训方法要综合应用体育专家研讨会、高等院校体育学院专题讲授、乡村体育教师分组讨论、优秀课程案例展示分析、培训考核成绩优秀教师的经验分享以及参观观摩讨论等多种方法。要把根据乡村实际情况逐级积极配合作为遵循的原则，参加培训的乡村体育教师要把已有的学习资源充分发挥作用，把新学习的培训方式联系新理论新知识组合运用。

　　另外，为了提高教师培训的自主性，让乡村体育教师提高认同感和归属感也很重要。一是学校及有关部门要更加注意体育教师与其他教师同工同酬的问题，重视体育教师的日常考核和待遇发放，这也要求政府部门及其主管机构严加规范教师职称问题，制定合理的考核和晋升制度，提高教师职称评定的公平性和规范性。二是加强师资培训，提高教师教育教学能力。加强教师的职业培训，提升他们的教育教学能力，不断提高教学水平，促进乡村体育教育质量的提高。可以利用现有的教育资源，或者与城市教育机构建立合作关系，开展定期的师资培训活动。要根据成年人的学习习惯、方法和需求组织开展乡村体育教师培训学习活动，充分开发和吸收参加培训教师自身的教学经验，并引导他们与当前的教学情况相联系，通过互联网学习平台、线上线下课堂观察、交流讨论、课堂实践或亲身经历，充分调动教师学习的积极性，相互分享学习和实践中领悟的经验，找到培训理论与实践相结合的相交点，使更多参与培训的体育教师都能将培训中所学的知识转化为日常教学中的实践。三是提升乡村体育教师的培训质量，从长远考虑摆在第一位的是提高乡村体育教师的经济和生活水平，提高乡村体育教师待遇不应仅靠学校，乡村学校不可能获得其他创收，更不可能靠乡村体育教师去做副业，而应分不同层次由国家发放津贴补贴，省市各级合力采取措施来解决。如增加乡村体育教师的最低工资、偏远地区乡村体育教师补贴、增加外地来乡村学校任职老师的节假日补贴、自愿返回家乡的体育教师的奖励，而作为学校应先遵循"同工同酬"的原则，充分认可体育这门学科，更要认可体育老师的工作与付出，以充分调动乡村体育教师工作的积极性。要加强人力资源开发，乡村体育教师的培训是专为在远离城市的乡村体育教师增加专业知识而安排的培训教育活动，旨在通过培训提高乡村体育教师的专业教学能力，加强乡村体育教师有关教学的知识储备和素质教育观念。乡村体育教师经过相关培训可以对已知的知识有新的认识，也可以在新的知识里获取灵感，以更好地运用合理的理论指导实践，更好地服务于乡村体育。总而言之，乡村学校体育教师的培训是一项需要长期坚持、过程艰苦、工作量大、见效缓慢且必须坚持不懈地落实每个细节的工作，要重视理论与实践相结合的方法。由于乡村小学教师一天中大部分时间都在授课，再加上个人家庭的需要，很少有剩余时间从事科研工作。因此，学校各科教研组应利用集体备课的机会，共同学习业务知识，形成系统的教育理论和先进的教学理念。理论虽重要，但教师还应将所学理论运用到实际教学中，积极与学生互动，深入研究新课程改革和先进教学方法，并及时总结经验。此外，乡村小学教师也可以与镇中心小学教师联合开展教研活动，充分发挥镇中心小学的指导作用，学校还可以安排教师外出参加教研并撰写报告，使教师们在教研中有所得，不断提高教学水平。

　　此外，要减轻乡村小学教师工作任务。为了避免形式化检查对教师工作的干扰，教育部门应协调教学工作，减少那些毫无意义的工作，甚至可以免去。有些教师反映，上级机构总是要检查并要求留下证据，但这些检查对提升教育质量并没有帮助。过度的形式化检查会占用教师的大量时间和精力，让他们感到虚伪和局促不安。因此，减免这些检查可以为教师节省时间，让他们更加专注于教学工作。教师能够安心、全身心地投入教学，对于教师的专业发展更有益处。此外，教育部门应该协调并发展好教学工作，以减轻乡村小学教师的工作任务，实行人性化管理。由于乡村小学的师资不足，教师需要承担过多的工作任务，不仅仅是教学，还必须参与管理工作以及处理各种检查和培训等事宜，所以教师根本没有时间去实现自己的学习。所以，教育管理部门不能仅仅以学生的卷面成绩、发表的论文或课题成果等来评价教师是否优秀，因为不是每一位教师都有时间去兼顾这些方面。如果努力的教师没有得到应有的表彰或回应，就会给教师造成"创伤"，使其认为仅仅努力做好老师是不够的。教师也是人，也有情感，因此需要有人关注他们的情感世界，倾听他们内心深处的声音，感同身受，给予人文关怀，因为很多人的感性超过理性。在教师的某个方面存在不足之处时，教育管理部门或校领导应该及时指出，并一起商讨最佳处理方案，以使教师感受到领导对他们的信任和关注，从而更有信心向前发展。作为管理者，也要起到引领作用，通过价值引领，带领教师团队更有效地进行教学工作，调节人际关系，让教师们在整个教师团队的大家庭中感受到工作的乐趣。教师专业成长的最高境界是感悟幸福、享受幸福并创造幸福。因此，要努力做到：（1）提高乡村小学教师的经济待遇，改善乡村教师的经济待遇是鼓励他们长期从教、积极从教和幸福从教的最有力的举措。（2）减少对教师的不必要干扰，缓解中小学教师的负担，打造轻松、平和的教学环境和校园氛围，确保中小学教师专注于教学和育人。（3）政府和教育部门应全面贯彻《关于加强新时代乡村教师队伍建设的意见》的精神，彻底解决乡村教师不合理的负担。（4）改善乡村学校的教育条件，尽管近年来条件已经有所改善，但在教育评价、教学管理、教学器材和图书资料的配置等方面还有很大的提升空间。

乡村学校体育师资紧缺、体育教师的专业培训不足、体育教师专业能力不足是制约乡村学校体育发展的关键因素，尤其是体育教师"主课地位提升问题"和"创新教学能力问题"值得关注，因此，开展乡村体育师资培训也是提高乡村体育教师教学能力的重要内容之一。高校协助乡村学校体育教师开展体育师资培训的内容可以涵盖：（1）高校教师定期前往乡村学校开展体育师资培训，帮助非体育专业的体育教师掌握基本的体育动作及体育教学方法，同时针对专业体育教师的教学能力进行指导。（2）可以尝试在平台资源方面大胆共享，让困难的乡村学校得以使用高等院校的培训资源，如专家论坛和教师培训。条件优越的高等院校也可以建立专门的乡村学校体育教师培训平台。高等院校可以以"点对点"或"一对多"的形式指导乡村学校体育教师。此外，体育师资培训也应该做到"精准"，即锁定最需要帮扶的乡村学校和最需要培训的乡村体育老师，根据实际情况准确制定培训内容和形式。所以，乡村体育教师培训需要对受训教师的不同需求进行差异化培训。对于一部分想进一步提升课堂教学技能水平的乡村体育教师，培训要站在课堂教学的角度，以课堂教学作为受训乡村体育教师提升技能水平的主阵地，组织高等院校体育教师、专家帮助他们具体问题具体分析，发现教学中的问题并提供解决方案。围绕着课堂教学的全程，在平等互动交流中找到问题、分析问题并最终消灭问题，在教学培训中提高他们的教学技能。对于一部分教龄比较长、教学经验丰富的乡村体育教师，他们中一部分已经变成教书单纯是为了教书的状态。如何使这部分教师从单纯为了教书转变为教书育人的优秀教师呢？可以增强他们的理论知识培训，让他们从不断的培训学习中汲取更多的教育教学理论知识，激发他们的创造性主动性，谨防他们进入传统教学惯性的恶循环中而不求上进。在体育相关专家的指引下帮助他们观摩学习先进优秀的教育教学实践课程，使受训乡村体育教师由外部接收的教学经验转变为自己所用，从而更好地传授给学生。作为参加培训的乡村体育教师不能把自己单纯地定位为一位学生，一味被动地接受培训，应当自主积极地参与培训，根据自己学校的实际情况和需求准确地反映给培训的组织管理者或者培训的导师，这样就可以根据受训乡村体育教师的需求设置课程。这样就可以完全对接教师的需求体现尊重性，也体现培训的差异化服务，实现通过培训来增强乡村体育教师综合能力和促进其教育教学更专业发展的目的。

要"坚持城乡融合发展"，为乡村体育教育的发展注入新的活力，坚持城乡融合发展，推动城乡要素平等交换、自由流动，加强城乡教师交流、轮岗，为乡村教育的发展提供良好契机、注入新的活力。城市发展经济、科技和吸纳人才的方法都可以为乡村地区现代化进程发展提供建议，帮助我国乡村地区建设得更加完善和合理，乡村建设不仅要体现在生活环境、公共设施等物质条件的建设，更要注重精神文化层面的建设与发展，增加乡村地区居民生活信心和幸福程度。增加乡村教师与城市教师之间的交流机会，学习先进的教学方法和理念，帮助乡村学校体育课程内容设计更加完善和具有针对性、实践性，也能够激发乡村体育教师参加培训、继续学习的积极性和主动性。通过直接与城市教师交流、分享经验，帮助乡村体育教师找到教学过程遇到问题的解决方法。

117

城乡融合发展不仅能够帮助城市教师了解更多的乡村教育现状，更能够为乡村教育的发展提供建设性的意见。

3. 政府做好监督角色，通过资金合理利用加大投资支持

首先，政策上应该加强对乡村体育教育的支持，包括资金、政策、人才等方面，为乡村体育教师的培训提供必要的保障。当地政府部门对体育设施的投资也应当严加管理，将资金使用到合理的地方去，加快建设学校的基础体育设施，为体育课的正常进行提供保障。政府做好监督者的角色，完善乡村体育教师培训评价考核机制。在发展乡村教育的环节中，要做到提高乡村教师的社会地位和吸引力，吸引具有高学历的教师下乡工作。乡村学校要做到帮助体育教师完成课程安排和设计，鼓励教师积极开展科研项目提高自身科研能力，强调科研能力对教师职业发展的重要性。乡村学校领导的鼓励和支持势必会带动整个学校的科研氛围，乡村教师也会更加主动、积极地学习专业能力，后续对自身职称的评定也会有所帮助。乡村学校的体育教师相对于城市体育教师来说，培训资源的差异和培训机会的稀缺都在一定程度上导致了培训效果表现不佳。虽然我国针对乡村地区学校体育教师培训出台了一系列的政策法规，但是针对某些地处偏远地区的乡村学校来说，这些政策法规的推行实施都需要借助当地政府制定与之相关的具体举措来辅助落实。但在这个落实的过程中往往会因为种种问题和条件的限制，很难针对具体学校或地区形成成熟合理的落实推行方案。在这些条件的约束下，乡村体育教师培训事业的发展往往受到很大的制约。针对出现的这种情况，政府部门首先要做到的就是保证乡村体育教师培训项目经费的充足与及时到位，这是保障乡村体育教师培训活动顺利开展的前提。其次当地政府要根据实际的乡村体育教师参与情况和培训教师实际情况，制定详细的此次培训活动专用经费的使用和监督制度，保证经费使用的规章化和规范化，联合审计和教育部门共同监管经费的具体使用情况，做到专款专用，确保经费的使用都是为了此次乡村体育教师培训活动顺利地开展。要想提高乡村体育教师培训活动的质量，就要建立专业合理的乡村体育教师保障体系，努力做到乡村体育教师培训事业的法制化。

想要保证培训工作顺利开展和相关培训政策的顺利推行，需要有完善的相关乡村体育教师培训法律体系来解决培训活动开展遇到的层层限制。已开展的优秀乡村教师培训案例，从多个角度如师资、经费使用等来规范乡村体育教师培训活动，为乡村教育事业的健康与持续发展提供推力。很多开展的乡村体育教师培训活动表现效果不佳，多为对培训机构的监督约束不足，很难切实保障参加培训乡村体育教师应享的权利，因此，构建乡村体育教师培训法律保障体系就显得十分重要。一是政策的制定和宣传。政府和相关部门可以加强对乡村体育教师培训的政策制定和宣传，向广大乡村体育教师普及政策信息和政策支持。政策内容可以包括培训费用、师资配备、教学资源保障等方面，这样可以增强乡村体育教师的信心和积极性，提高他们的培训参与度。二是加大财政投入。政府可以加大对乡村体育教师专业培训的财政投入，增加培训机构、师资、教材等方面的支持，确保乡村体育教师培训的质量和效果。政府还可以提供培训补贴，以减轻乡村体育教师的经济压力，增强他们参与培训的积极性。乡村体育教师目前来说较大的问题就是留不住优秀教师，导致余下坚守在乡村学校岗位的体育教师没有继续学习的动力。因此，应提高乡村教师的职业认同感和社会地位，提高职业吸引力，并且利用多种政策和方法切实改善乡村教师工作生活环境，从根本上解决乡村体育教师流动性大的相关问题。改善乡村教师的生活环境和福利待遇，做到保证乡村教师能够没有生活方面的忧虑，并且加快改善乡村学校体育教学设施硬件条件，满足乡村体育教师开展课程所需的必要条件。

为了更好地支持乡村体育教育的发展，需要加强乡村教育设施建设，包括建设更多的体育场馆、运动场地等，以提供更好的体育教育条件。在乡村地区，往往存在教学资源不足的情况，需要通过提供更多的教学资源和支持来改善。可以通过购买教学用具、提供教材、举办教育培训等方式来解决这一问题。此外，还可以通过与城市学校合作、引入外部教育资源等方式来提高教学质量。加大对乡村体育教育的经费投入，用于改善学校体育设施和器材、购买教材和教具、举办培训和比赛等。私营部门和慈善机构可以提供赞助和通过捐款来支持乡村体育教师培训。教育部门可以与企业合作，开展一些特定的培训项目，如提供体育器材或场地等。鼓励乡村学校和社区自行筹集资金，如通过举办募捐活动或向当地企业寻求赞助等方式募集资金。创新资金管理方式，如建立专门的基金，通过投资等方式增加资金收入和利润，再将这些资金用于培训项目，鼓励社会各界投资支持乡村体育事业发展。加强政府对乡村体育事业的投入和支持，提高乡村体育设施的建设和配套设施的完善程度，以及改善乡村体育教师的生活和工作环境。为了改善乡村小学的物质条件，政府应该加大对乡村小学的各种经费投入。有些学校的教学场地不够，需要增加；教学设备不够完善和先进，需要改良；一些乡村小学的教师工作环境恶劣，需要改善，比如增设空调、办公桌等。乡村小学大多数都在村里，离镇上中心小学较远，乡村完全小学较少，很多学校只有学前班、一年级和二年级，低龄学生还不具备独立上学的能力，因此应为该村附近的适龄儿童提供一个就近入学的学校，方便在家的祖父母接送。然而，现在的部分乡村小学缺乏先进的教学设备，如多媒体设备等，甚至有些教学设备已经出现了故障，来不及修理。此外，部分乡村小学没有提供给教师良好的教学与休息的环境，只有一个破旧的房间和一台风扇。在夏季，教室里非常闷热，而在冬季则十分寒冷。因此，政府应该加大投入，以提供良好的教学和工作环境，让教师在一个好的环境中工作，从而感受到职业的幸福感，更好地投入工作。

由于参加培训的体育教师多为远离城市的偏远乡村学校，乡村地区学校的信息化条件和互联网设施设备不能满足培训需要，而且参加培训的乡村体育教师对网络使用的能力各有不同，导致部分乡村体育教师错过或低质量参训，在培训学习平台学习效率和质量不能得到保障，直接影响参与培训的乡村体育教师在网络上学习、浏览课程和提交作业。为了保障农村学校安全可靠顺畅地运作，要做到以下几点。（1）争取获得更多的资金保障和政策扶持，更新配套的网络设施设备提高硬件质量水平。（2）做到内部管理的科学性，维护好网络信息培训环境，做到培训中尽量避免技术问题，如遇问题及时帮助参与培训的教师解决，营造通信顺畅的线上培训学习平台。（3）在创新思想的同时注重管理，创造一套适合乡村体育教师培训的新方法。全体体育教师都应该是乡村体育教师培训的对象，所以在培训筹备和启动初期困难较大，任务繁重复杂工作难度大，须确保必要的引导管理，实实在在完成工作，逐级下达目标逐级监督。在省教育主管部门直接领导管理、市教育部门协助下，建立以县一级为最高、乡一级负责统筹、校一级为实践基础的三级培训领导班子。（4）要搭建合适的激励机制，把乡村体育教师培训的内在驱动力调动为体育教师培训的积极性，各级教育部门应制定有关政策和措施，把培训作为教师今后提拔、晋升的重要标准。（5）培训形式应创新多样，重点应突出不拘一格，培训形式上灵活多样，可以把培训和教研等有机结合起来，主要培训形式有：乡村学校派本校乡村体育教师到本省高等院校体育学院参加函授或者定期培训学习；邀请本省高等院校体育学院的教授和有关专家及有经验的高校体育教师进行培训讲座和探讨交流会；各乡村学校分批观摩省市级优秀课程；由有经验的体育教师进行指导，可以采用教师集中备课、集体评课的方法。另外，在培训内容上，要具备实用性，做到充分考虑乡村学校体育教学的实际情况，根据实际需求设立课程，考虑到乡村学校体育场地老旧和器材不足等一些客观因素，要求培训能利用乡村得天独厚的自然条件且尽量使用不受场地限制的体育设施组织教学。在课程组织安排上，应重点关注乡村学校体育教学方法和乡村学校学生身体心理健康等有关方面，加强县乡镇村各级教师进修培训的建设，让这些培训知识成为教师坚强的后盾。重点建设以下三点：一是完善更新农村老旧基础设施，使培训进修的学校有可以满足必要需求的体育场地和器材，提供充足的与体育教学相关的资料文献和图书，确保乡村体育老师在学校也可以自己阅读提高；二是构建合理的领导管理层，应构建一支知识结构合理又具备敢于创新、善于创新、覆盖老中青三代的既有经验又有活力的团结奋进的领导班子；三是建设一批接受过系统培训的专兼职优秀体育师资队伍，选拔一批具有丰富体育教学经验且理论与实践共优的体育教师到培训乡村体育教师的师资队伍中，指导在职年轻乡村体育教师培训学习。

另外，应增加乡村学校体育教师的培训经费，保障培训工作的正常开展，利用多种方式促进乡村体育教师培训的发展。对山东乡村地区学校体育教师的培训需要由强有力的顶层设计来支持，确保培训工作进行的连贯性和系统性。顶层设计目前存在的问题主要在于尚未建立城市乡村两级一体的教师培训领导机构、第三方评价体制和培训指导机构不完善、相关教育部门和培训部门的自我定位不准确、综合教师培训管理体系混乱需要进一步的规范。完善的顶层设计可以加强乡村体育教师对自己职业的认同感，让教师感受到职业意义。这就需要有关上级部门加大对乡村体育教师培训的政策倾斜、提高重视程度、增加培训经费的投入、丰富培训机会和改善培训环境等。"坚持农业农村优先发展"为乡村体育教育提供物质基础。乡村振兴战略指出，坚持农业农村优先发展，优先满足乡村地区的要素配置，优先保障资金投入，优先安排公共

121

服务需求。乡村体育教育事业发展目前遇到的较大阻力就是乡村学校体育运动设备少、体育场地差。不仅如此，部分乡村的公共体育设施建设不完善，学生很难利用起来满足自身运动的需求。"优先发展"战略为解决这一困境提供了战略政策保障，并且指明了乡村教育事业发展的方向。这几年乡村地区的学校体育设施和乡村公共体育设施尽管都得到了极大的改善，但相比于城市学校优秀的教学师资、完善的教学器材来说还是有很大的差距。因此，要加快城乡一体化进程，真正做到城乡教育一体化，解决乡村地区体育设施短缺问题，帮助乡村学校开展建设体育运动场所，解决乡村体育教育事业发展的困境。

最后，政府有关部门应该充分关注乡村小学教师的薪酬和福利待遇。乡村小学教师的工作任务十分繁重，除了要承担相应的教育教学任务外，还要兼顾其他学科的教学，如音乐、美术、体育和信息技术等，这是因为乡村小学很难招聘到专业的音、体、美教师，导致教师队伍师资短缺。乡村小学教师肩负着更多的社会责任。现在的孩子大多是隔代抚养，在家中备受宠爱，教师必须承担更多的压力。每到夏日雨季，教师必须加强防溺水的宣传。教育学生时，教师不能使用体罚等过激手段，有些教师因为轻微的教育惩罚被家长告上法庭，导致心理压力巨大。与此同时，乡村小学教师的工作任务也非常繁重，经常需要早出晚归，但是薪资待遇却非常低，甚至比在家务农还低。这导致教师感到缺乏尊重，甚至有些男教师的收入无法维持家庭生计。长此以往，教师的心理健康和教学积极性会逐渐下降，甚至会离开工作岗位，这会造成教师流失现象。因此，国家和各级教育部门需要加强对教师薪资待遇的关注和保障，以满足乡村小学教师的基本生活需求，激发教师的工作热情和创造力，从而提高教学质量。为了提高乡村小学的教学质量，需要加强教研氛围的建设。学校领导应该坚持"科研兴校、立校、强师"的教学科研理念，将教学科研工作提升到更高的层次。在领导方式上，应该采用民主型的领导方式，让教师们感受到一个轻松和谐的工作环境，避免以权压人，使每一名教师都能成为浇灌"祖国花朵"的"园丁"。此外，要建立与教师的平等对话机制，让乡村小学教师能够积极参与乡村小学管理，充分考虑到不同学历、不同专业发展水平乡村小学教师的特点，有针对性地对其进行鼓励和发展，使他们更好地投入乡村小学教育工作。在教研工作方面，应该实行激励制度，鼓励和支持教师参与各项学校组织的科研活动，并且对表现积极者进行一定的物质奖励，带头人更要积极地带动教师进行科研，以积极主动的心态感染教师一起自觉参与教学科研。

4. 构建科学合理的管理模式体系

乡村体育教师培训的顺利进行离不开一套科学合理的管理模式体系。完善管理体系是保证培训活动顺利完成的重大推力，是对培训过程相对全面的掌握。一是要创新乡村体育教师培训管理形式，建立分层联动交流体系。二是要构建起省市县三级培训工作办公人员交流，省级相关负责人员要做好对应市县工作人员的统筹协调，确保相关工作能够落实并且做好相关服务保障工作。三是项目负责人也要进行严格筛选，一定要建立起具备高责任心的管理工作团队，保障后续工作的层层推进。同时各层级每一项工作内容都要形成档案，如选择场地、成员报名、志愿者招募、培训课程开展状况等，后续根据此次培训实际效果可以更加方便地发现培训活动还存在哪些不足和缺陷，为下次开展的乡村体育教师培训活动积累经验，也是为了更好地帮助乡村教育事业进一步发展。针对山东省乡村学校体育教师培训的政策要做到准确迎合参训教师的需求，做好强有力的顶层设计，加大对乡村体育教师培训的政策倾斜，主要应该体现在经费扶持、师资团队组成、培训课程的设计以及参加培训方式的拓展等多方面。

构建严格规范的乡村体育教师培训制度，用制度约束引导乡村体育教师培训，首先要考虑到乡村交通情况复杂、路途遥远、互联网信息设施条件差等客观条件，本着培训与教学齐头并进，总结与提高相互联系、互相促进的原则，用亲身经历以及专题研讨会、优秀课程分析、视频录像学习等方式，使乡村体育教师掌握全新的有效教学手段和思维方式。乡村中小学要构建一套针对乡村体育教师培训的制度要求，对于离开学校参加培训的乡村体育教师回到学校后要进行成果分享，传达培训学习会议精神，进行公开课展示供其他教师观摩学习研讨，这种方法不仅让参加培训的乡村体育教师进一步巩固提高了学习的知识，完成了从理论到实践的转化，还可以让更多没有参加培训的教师提前共享了培训学习的成果。为了更好地规范乡村体育教育，需要建立乡村体育教育管理体系，包括教师培训、课程设置、教材开发等方面，以确保乡村体育教育的质量和水平。着眼于地方实际情况，制定具体可行的管理政策。

不同地区的乡村体育教育情况存在差异，需要制定针对性的管理政策，充分考虑当地的资源、环境、社会经济发展水平等因素。一是强化管理制度建设，建立科学合理的管理制度；二是制定完善的管理制度，规范教学行为，加强对教师、学生的管理和指导，推进教育教学质量的提升。

此外，建立成熟且完备的培训制度是保证乡村体育教师培训成功实施的重要保证，乡村体育教师的提高是教师培训规章制度制定必须贯彻的核心要义。各地区相继制定有关乡村体育教师培训的规章制度，特别是制定乡村体育教师参加的培训所必需的时间和任务，确保每一位普通教师都能在规定的时间内有享受属于自己的培训机会。参加培训与评职评优挂钩是对于乡村体育教师参加培训的一个强有力的保证和约束，各个地区几乎都有这样的规章制度，如果在担任教师期间没有按规定培训或没有达到规定的最低培训时间，或者没有达到培训结业的要求，将取消该教师当年参与评职评优的资格，这可以强制有效地将乡村体育教师的培训落实。为了乡村体育教师培训的顺利实施，各地区教育主管部门不仅为充分调动乡村教师参加培训的积极性而制定一整套成熟完备的规章制度，而且为避免学校领导私自改动或侵占乡村体育教师培训还制定了相应培训责任的规定。这样涵盖乡村体育教师和学校领导的培训规章制度是乡村体育教师培训得以顺利且高效实施的强有力保障。乡村体育教师参加培训必然会导致原本的教学任务重新分工，乡村学校师资条件本就有限，这样更会增加学校的压力和成本，如果没有相对应的限制规定，许多学校的领导就会对乡村体育教师参加培训保持消极的态度，严重影响乡村体育教师的发展。要加强落实乡村小学学校管理制度。为了更好地管理和支持乡村教师，乡村小学校长的角色十分关键。除了负责教学工作，校长还需要管理学校并确保学生教育质量，同时关注教师的生活情况和专业发展。为了帮助教师实现职业目标，校长需要将教师的发展目标从工作层面上升到生命层面。因此，校长需要对学校进行科学管理，包括合理安排课程表和教学活动，改进学校设备以提高效率。此外，应该尽可能减少无意义和机械化的要求，赋予教师更多的自主权，鼓励他们进行创造性的劳动。

另外，各地区的教育主管部门应建立成熟稳定且立足乡村学校实际情况的乡村体育教师培训规章制度，该要求制度针对乡村体育教师参加培训的课程时间、质量及评职评优的挂钩方面都有一定的要求，同时也可作为各学校的领导和管理层对于乡村体育教师培训工作考核的规章制度。但是在实施的过程中，政策和规章制度的达成率不高，往往流于表象，这也是一直制约乡村体育教师培训工作提高的短板。因此，可以优化参加乡村体育教师培训的选拔机制，由于部分乡村地区受到位置、时间、经费等其他因素的影响，能够参与乡村体育教师培训活动的名额有限，培训机会难得。应建立公平公开的乡村体育教师培训资格分配制度，保障每位教师参加培训的机会均等，同时也可以针对培训内容选择出最符合个人发展需求的乡村体育教师，做到培训效果最大化。政府部门要加大政策扶持力度，改善乡村体育教师队伍结构。在乡村振兴的大背景下，针对乡村体育教师老龄化和兼职化的问题，相关政府部门要完善乡村体育教师聘用制度，做到教师师资团队配置最优化，并且要加大政策倾斜的力度。相关政府部门要积极推动乡村体育教师支持计划、特岗教师计划等政策活动的落实，切实帮助乡村学校解决实际问题。改革乡村体育教师培训模式，培养更了解乡村实情的本土化教师，改善现有乡村体育教师队伍结构。适当引入社会培训机构和社会资本参与乡村体育教师的培训。此外，可以建立县级乡村体育老师培训中心，专门对体育教师进行系统性的培训，针对不同的体育专业，如球类、田径类、武术类和体操类等，进行不同的专业培训。同时，落实好"三位一体"的乡村体育教师培训政策。对于乡村体育教师的培训，既要保证这一特殊群体教师的专业发展，又要打破传统教师培训中城乡同质化，做到真正照顾到乡村体育教师的个体需求。在"三位一体"体育教师培训策略中，"一体"是指以乡村体育教师为主体，围绕乡村体育教师的主题需求开展对应的培训活动，满足不同时空的乡村体育教师的主体诉求；"三位"是指围绕着满足乡村体育教师的个体需求所开展的三项培训措施。一是要做到乡村体育教师培训本土化，针对不同诉求，利用本地区特有的优质培训资源，实现与校内现有教学资源相结合，结合实际问题展开本土化培训，重点是解决实际问题，从整体上提高乡村体育教师的能力水平。二是实施校外优秀教师走进乡村学校进行实地调研的举措，围绕不同乡村体育教师的个体需求，进行一对一或一对多的指导培训，在指导解答过程中完成对乡村体育教师的培训。三是实施乡村体育教师走进其他学校的举措。根据乡村体育教师不同的个体需求，到别的学校学习观摩，学习他校经验，对乡村体育教师实现多对一的指导。

如果把整个乡村体育教师培训比作一个过程模式，那么构建多元化的乡村体育教师培训就是比较科学合理的培训模式，即推进高等院校与乡村学校合作、教学科研与乡村体育老师培训相结合，采用互联网信息教学、为乡村体育教师选派类似研究生导师制的校本培训模式，构建创新性多样化覆盖乡村中小学全部体育教师的培训体系。高等院校与乡村学校合作主要侧重于理论知识的教授，以传统式的教学为主，乡村体育教师培训学员参与程度不高，不能顺应时代发展对乡村中小学体育广大教师高水平培训的要求。解决该问题的方法是在传统的教学理念和方法手段中引入科学合理的可持续发展理论重新认识培训管理方法。教学科研与乡村体育老师培训相结合，从本质上更侧重于乡村体育教师学员的自主发展创新能力、实践创新能力和教学研究能力的培养，体现了因地制宜根据实际情况提高乡村体育教师学员自主性和创新性的培训教育理念，教学科研与乡村体育老师培训相结合，起到了帮助乡村体育教师扩展思路、提升自主创造性和积极性的作用。为乡村体育教师选派类似研究生导师制的校本培训模式能够充分弥补传统模式下校本培训模式的不足，但先天的劣势使其只能作为广大乡村中小学体育教师培训模式的一个子内容，如果想实现为乡村体育教师选派类似研究生导师制的校本培训模式的培训效果最大化，只有与其他先进的培训模式进行结合。

因此，乡村学校当地教育主管部门应该根据上级政策安排并联系当地实际情况制定符合实情、合理科学的乡村体育教师培训政策并完善相关配套管理体系。在选拔培训教师、设计培训课程、发放培训经费、展开培训后评价活动等相关方面出台相关具体培训实施细则。此外，相关部门还应该采取相应的政策来鼓励乡村体育教师参加相关的培训活动。相关教育部门也要协调好职能部门、教师培训机构和乡村学校三者之间的关系，让三者相互影响、相互协调发展，充分发挥教育部门进行资源配置的主动性，使三者建立和谐的关系，做好相应的管理工作。管理活动进行期间，做好学校资源的集中管理，制定科学可行具有针对性、实用性的管理方案，建立乡村教师培训必需的专业团队，保证乡村体育教师培训工作的稳定进行。要严格规范培训过程管理制度，可以采用多次签到的方法，将培训内容与签到内容联系起来，利用培训考核制度来调动参训教师的积极性和热情。

126

最后，建立全程监测机制也是十分必要的，因为教师培训作为一项服务类活动，其产品是非实体化的，而且从"生产—交换—分配—消费"的整个流程来看，服务类产品质量监测应该注重整体流程。因此，我们需要对培训的源头、过程和结果等整个流程进行监测，以避免出现培训"走过场"的现象。我们应该加强对培训项目的需求调研、主题定位、方案报告、内容优化、方式选择、学业考核、成果呈现、训后跟踪、反思总结等过程的监测，并结合现场听课、学员座谈、满意度调查等直观直觉评测方法，确保培训的质量。在培训的源头监测方面，我们应该重点做好培训方案的可行性论证，组织专家从培训需求、培训主题、培训目标、课程安排、培训方式等方面进行论证完善。在培训过程监测方面，我们应该严格监督日常教学，并通过进班检查、周末巡查、学员座谈等方式监测班级组织管理工作，强化培训过程的规范化。在培训结果监测方面，我们应该通过参训教师满意度调查了解和把握参训教师对培训服务的评价，为后续完善培训方案、改进培训方式、提升服务水平提供基础性建议，共同实现培训治理目标。同时，要建立监督考核机制，对教学工作的质量和效果进行监测和评估，及时发现问题并予以解决。注重在进行乡村体育教师培训活动运行时的过程管理。在实施具体培训活动时，做好实时的监视培训方案，科学、合理地对培训活动做好考核和管理工作，根据实时反馈的培训效果进行后续培训方案的改善。在培训活动进行的过程中，对每项培训工作的数据都要准确、及时地进行收集和分析，帮助培训方了解每一位参训教师的状况，并在后续课程设计完善的过程中考虑到这一点，进而有针对性地帮助参训教师实现他们参加培训的需求。在培训工作的考核阶段，不仅要对参训教师的学习情况进行考核，也要对培训内容的设计进行客观的评价，针对是否满足参训教师的需求，培训内容是否能被参训教师理解掌握等方面来进行评价。在培训工作完成后，对参训教师后续课堂实践教学进行追踪指导，帮助参训教师在实践教学的过程中完成对培训内容的巩固，根据参训教师课堂授课的表现进行后续及时的指导和答疑，让此次培训活动真正发挥作用。培训之后的实践教学是检验参训教师此次培训活动学习成果的最好方式。另外，培训机构要进行对培训过程全方位的总结，反思哪些部分还能有所改进，根据培训活动所有参与人员提供的反馈意见进行改善，对其中出现的问题部分制定有针对性的改善措施。结合以往的经验和此次展现的培训效果不断创新乡村体育教师培训模式，帮助乡村教育事业不断发展。

5. 引入社会力量，建立起有效的协作机制

联合社会力量共同推进乡村体育教育的发展在完善乡村教育管理体系中是十分必要的，可以鼓励社会组织、志愿者等各类力量参与乡村体育教育的建设，增加教育资源的供给。与当地的体育协会、文化艺术团体等建立合作关系，共同组织乡村体育教育活动，丰富乡村生活，提高乡村人民的健康水平和文化素质。也可以通过建立信息化管理平台，提高管理效率和质量；建立乡村体育教育信息化平台，实现信息共享和资源整合，便于管理部门的统筹规划和监管。同时，教师和学生也可以在平台上进行在线学习和交流，提高学习效率和质量。要帮助建设乡村体育教师专业培训服务发展体系，不仅要依靠政府的力量，同时可以借助社会其他力量，利用外部资源来帮助乡村体育教师培训活动的顺利进行和培训质量的提高，让教育部门、培训组织方、参训教师和社会组织形成一个有机整体，提高乡村体育教师专业发展的动力，调动他们的积极性。借助社会组织建设乡村体育教师专业培训服务发展体系，首先要构建出社会组织参与的途径。政府部门可以发布乡村体育教师社会服务目录，保证信息的公开和流通，为社会组织参与乡村体育教师专业培训提供渠道。其次在构建好社会组织参与乡村体育教师培训活动的渠道之后，后续的服务供给沟通平台也要得到及时的完善，让政府购买社会服务的信息沟通更加全面，保证政府在教师培训活动中的领导地位，做好各项工作的统筹协调，做到教师培训服务范围的全覆盖，实现资源的有效利用。再次要做好第三方监管制度，不能将教师培训的最终成效评估交给某一参与主体，应该将评估权交与第三方中立机构，对购买服务和提供服务的全过程做好监督，使社会和政府之间的协同活力最大化，做到乡村体育教师专业培训人力、财力、物力的最大化利用。最后应借助社会上公益组织的力量，帮助乡村体育教师培训形成成熟、稳定的培训机制。各级政府部门相关者也要加大与参训教师、培训教师和公益组织之间的交流沟通，提出问题并解决问题，实现资源的合理配置和利用。

此外，在培训管理中也可以引入其他社会力量，如各地体育协会、体育社团、大学等，积极参与乡村体育教师培训，提供专业的教学资源

和帮助，为乡村体育教育注入"新鲜血液"。具体来说：一是合作伙伴。建立与当地社会组织、学校、企业等的合作关系，吸引它们为乡村体育教师培训提供支持和资源，如教学设备、场地、经费、志愿者等。可以通过签署合作协议或举办共同活动等方式加强合作关系。二是外部专家。邀请专业的体育教育学者、教练员、运动员等作为讲师或导师，为乡村体育教师提供专业知识和经验，并且鼓励他们向参与者分享经验。三是师生互动。鼓励乡村体育教师与学生家长或学生本身建立联系，从而了解他们的需求和期望。也可以鼓励学生参加培训，以了解他们的教育经验和对教育的看法。四是社区活动。结合当地社区的文化和体育传统，开展相关的活动，如篮球比赛、太极拳、民间体育活动等，以提高乡村体育教师对当地体育文化的认识，并与社区居民建立联系。五是资源共享。建立资源共享平台，为乡村体育教师提供互相学习和交流的机会，可以通过在线课程、网络讨论论坛、教育视频、教学材料等形式实现。综上所述，引入社会力量可以为山东省乡村体育教师专业培训提供更丰富的资源和支持，从而提高培训质量和实用性。

最后，在乡村振兴战略的背景下，也可以通过加强与社区的联系，建立起有效的协作机制，构建推进乡村体育教育的重要保障。具体来说：一是拓展培训内容。除了传授专业知识和技能外，还应该增加有关社区体育的内容，如何组织社区运动会、如何引导社区居民积极参与体育活动等。这样不仅可以提高乡村体育教师的综合素质，同时也能让他们更好地了解当地社区的体育文化和需求，以便更好地为社区服务。二是合作开展社区体育活动。乡村体育教师可以与当地社区组织合作，共同开展一些体育活动，如篮球比赛、足球比赛等。通过这些活动，不仅可以提高社区居民的体育素养，还可以增进师生之间的联系，增强乡村体育教师的社区责任感。三是建立社区体育俱乐部。乡村体育教师可以与当地社区合作建立一些体育俱乐部，如篮球俱乐部、足球俱乐部等。通过俱乐部的活动，不仅可以提高社区居民的体育技能，还可以提供一个交流和合作的平台，增强师生之间的联系，加强与社区的联系。四是加强与家长的沟通。乡村体育教师可以与学生家长建立联系，定期举办家长会，介绍学生的学习情况和参加体育活动的情况，征求家长的意见和建议。通过与家长的沟通，可以让家长更好地了解教育培训的内容和目标，也可以让乡村体育教师更好地了解学生家庭的情况和需求，从而更好地为学生服务。五是利用好社交媒体平台。乡村体育教师可以利用社交媒体平台，如微信、QQ 等，与社区居民建立联系，定期发布有关体育的信息，如体育知识、体育赛事等。通过社交媒体平台，可以加强与社区的联系，提高乡村体育教师的知名度和影响力，同时也可以让居民更好地了解当地的体育文化和活动。因此，教育部门可以与社区居民和当地政府建立合作关系，共同协作开展各种形式的体育教育活动，扩大教育资源的覆盖面和受众范围，提高乡村体育教育的普及率和质量。目前社会中也出现了越来越多的关注乡村体育教师培训的公益组织，大多形成了相应的培训体系机制。各级政府可以与这些公益组织培训机构进行资源的有机整合，相互弥补劣势资源，同时也可以有效地避免资源的浪费和重复建设。

6. 健全相关法律法规，提供完善的法律保障

健全法律法规对乡村体育教师培训有着重要的影响，具体表现有：（1）立法保障。制定与乡村体育教师培训相关的法律、法规和政策，明确乡村体育教师培训的目标、内容、标准和评价方法等，为乡村体育教师培训提供法律依据和政策支持。（2）组织保障。法律法规可以保障教育行政部门对乡村体育教师培训进行统筹规划和组织实施，并且规定财政部门为乡村体育教师培训提供必要的经费支持和保障。（3）市场保障。法律法规可以明确乡村体育教师培训市场的准入门槛和标准，规范乡村体育教师培训机构的运作，保证乡村体育教师培训的质量和效果。（4）权益保障。法律法规可以规定乡村体育教师参加培训的权利和义务，保障乡村体育教师的合法权益和参加培训的权利。（5）效果保障。法律法规可以规定对乡村体育教师培训的效果进行评估和监督，以确保乡村体育教师培训的质量和效果，并加强对乡村体育教师培训机构的监管，遏制乱收费等不正当行为的发生。综上所述，健全的法律法规对于乡村体育教师培训具有重要的推动作用，可以为乡村体育教师培训提供有力的保障和支持，促进乡村体育教育的发展和进步。具体有：（1）促进教师培训体系的建设。相关法律法规可以明确乡村体育教师培训的目标、内容、方式、评价等方面的标准和规范，促进培训体系的建设。（2）保障教师权益。法律法规可以明确乡村体育教师的权益，包括劳动合同、工资待遇、职业发展等方面的规定，保障教师的合法权益。（3）加强监管和管理。相关法律法规可以加强对乡村体育教师培训机构的监管和管理，包括资质认证、师资队伍管理、培训质量监督等方面的规定，保证乡村体育教师培训的质量。（4）建立教师考核评价体系。相关法律法规可以建立完善的教师考核评价体系，包括教学成果、师德师风、职业发展等方面的评价标准和机制，鼓励乡村体育教师不断提高自身素质。（5）推动乡村体育事业发展。相关法律法规可以推动乡村体育事业的发展，包括政策支持、资源配置等方面的规定，为乡村体育教师培训提供更好的条件和保障。

要健全乡村体育教师培训的法律政策。我国还没有关于教师培训的专门的继续教育法，只做出了一些大致的规定。相关培训法律政策的不完善，导致培训活动的实效性缺乏对应的法律保障。我国当前的体育学科发展较为落后。国家近些年来陆续出台了许多关于乡村体育教师培训的相关文件，对我国教师队伍水平的提高有着极大的促进作用，相关教育部门也要加强对乡村体育教师培训的政策落实，以强有力的法律政策作为乡村体育教师培训的保障，让参训教师能够做到有法可依。

此外，乡村体育教师政策制定者应该转变观念，把新认识、新观念投入相关法律政策的制定中，形成制度化、规范化、系统化的乡村体育教师培训法律政策，并进一步确定培训活动的内容、培训活动进行的监督机制、实施要求、评价准则等。为了避免政策落实不到位的情况，相关部门也可以通过各种宣传工具宣传培训的方式、目的、意义等来确保相关培训活动组织者和参训乡村体育教师能够及时了解并正确认识相关政策的内容和意义。制定乡村体育教师培训相关法律政策的同时，可以运用网络平台或其他沟通方式来达到法律政策的制定者、执行者和目标人群之间的交流沟通，吸纳多方意见、倾听民意，进而制定出更符合实际情况的法律政策。

4.2.5　将现代化人工智能技术（AI）引入乡村体育教师培训中

1. 人工智能引入乡村体育培训的政策背景

人工智能新时代引领着新技术和新方法到来，使人工智能技术一跃成为全世界竞相追捧的新热点。各个领域都着力把人工智能技术与自己所处的领域联系起来，不管什么产品什么产业俨然已经将与人工智能技术融合发展作为一种新潮流，在欧美等一部分发达国家中人工智能技术已经与教师培训联系融合在一起。我国作为新时代互联网强国，人工智能技术在我国发展得已经相对成熟，各产业将人工智能与本产业融合是大势所趋、时代要求，当然乡村体育教师培训也势必将人工智能技术与之融合发展。全球范围内人工智能技术的发展和全球对人工智能技术前景的认可给人工智能乡村体育教师培训的发展带来了巨大的便利。目前我国已经相对成熟的人工智能技术再叠加我国的教育信息化，这些为人工智能融入乡村体育教师培训提供了充足的技术支持和制度优势。目前我国的教育智能化已经相对普及，给大量新兴产业技术提供了发展的基石，为人工智能技术与乡村体育教师培训提供了技术支持。2018 年，教育部印发了《教育信息化 2.0 行动计划》，这是进一步促使乡村体育教师培训与人工智能技术融合发展的具体实施计划，主要目标和任务是推进互联网数字服务、互联网培训学习空间、创新创造智慧平台建设，以及培养互联网素养等。完成上述各项目标可以为人工智能技术融合乡村体育教师培训创造更多机会和技术保障。国家对于人工智能乡村体育教师信息化培训也有政策支持保障。2018 年，《教师教育振兴行动计划（2018—2022 年）》提出实施乡村体育教师培训与人工智能技术融合发展实施计划，借助人工智能互联网大数据等新时代的技术助力乡村地区体育教师培训进一步发展；2020 年，《关于加强新时代乡村教师队伍建设的意见》强调乡村体育教师培训与人工智能技术融合发展的重要性。各项政策文件都体现了我国对乡村体育教师培训与人工智能技术融合发展的重视，政策方针中提到的人工智能技术乡村体育教师培训计划为乡村体育教师培训与人工智能技术融合提供了有力的政策保障。

"AI + 乡村体育教师培训"是把互联网算法人工智能技术与乡村体育教师传统的培训相融合，创新性地使两者互补形成全新的培训方式，不仅可以解决传统乡村体育教师培训受制于距离和时间等影响因素的问题。人工智能技术的不断更新和进步使这种新的乡村教师培训模式应运而生，其中的深刻含义在于以下两点。首先，要在乡村体育教师培训中适当运用人工智能技术。人工智能技术引入乡村教师培训是对国家政策方针的落实。2019 年，中共中央办公厅、国务院办公厅印发了《加快推进教育现代化实施方案（2018—2022 年）》，文件指出乡村学校的教育信息化程度要进一步加强，提高信息技术在教育教学中的使用率，加快传统教育教学手段与现代化信息智能技术教育教学的深度融合，特别是要加大现代化信息化人工智能在乡村体育教师培训中的使用程度，促使这种创新性乡村教师培训方法的落地。其次，我国大力推进人工智能技术乡村教师培训试点工程，融合人工智能技术的乡村教师培训是对我国出台相关政策的响应。2018 年，在我国西部、华北地区的一小部分地区开始试点信息化人工智能的乡村教师培训行动，特别是在我国西部地区的宁夏回族自治区，教育水平较高的地区学校与宁夏偏远乡村地区学校进行互助，使用现代化信息手段帮助偏远乡村地区进行教师教育教学培训，完成利用现代化信息及人工智能技术的帮扶工作。

2.　"AI＋"的培训模式的优势和适用性

（1）优势。

内部优势。现阶段，在乡村体育教师培训方面，要充分应用现有的技术优势，打造"AI＋"的培训模式，提升培训的效率和水平。第一，要充分发挥"AI＋"教师培训模式独有的优势和特色，把握时代机遇不断升级和创新乡村体育教师培训系统。"AI＋"培训模式要注重提升资源质量，实现教学资源个性化和精准化。网络化教学平台要不断更新和引进优质的名师课程和专业运动员的教学视频，增加乡村体育教师经验交流板块，为乡村体育教师提供优质的教学资源。第二，在培训过程中，要充分发挥考核的优势，应用现代大数据技术，充分把握被培训者的掌握情况，通过过程考核和结果考核的方式，提高培训的成效和针对性。第三，数字化时代在重视效率的同时更要加强监督管理。AI 技术的运用实现了乡村体育教师的跨时空培训，教师能够自由选择学习时间和环境，但也容易导致培训质量和效果下降，因此需要开发和应用监控技术，杜绝走程序、形式化培训现象的发生。除此之外，还应采取激励措施提升被培训者的主观能动性，保证教师培训效果。第四，鼓励培训教师应用现代化的人工智能技术，注重课程开发和教学方式创新，提升培训效率和质量，调动乡村体育教师参与培训的兴趣，实现"AI＋乡村体育教师培训"模式的高质量发展，同时推动乡村振兴战略的发展。"AI＋"数字化培训平台能够为乡村体育教师提供更多数量、更多种类、更具精准化的学习资源，极大地减少了乡村体育教师获取资源的时间，提升了培训效率。此外，在教学过程中应用 AI 技术，一方面，能帮助教师提高工作效率，减少不必要的重复工作，将工作重点放在课堂内容更新和教学方式创新上，活跃课堂气氛，提高课堂教学质量；另一方面，学生能够感受到 AI 技术的强大魅力，提升学习的兴趣；同时 AI 技术能够帮助学生收集学习资料、解答疑难问题，有助于减轻学生的学习压力，提高课后学习的效率。"AI + 乡村体育教师培训"模式有助于师生更好地开展学习活动，享受 AI 技术带来的强大红利。因此要广泛推广现有培训模式，提升乡村体育教师的教学水平，全面提高乡村体育课堂质量，推动学校体育高质量发展，加快推进乡村振兴战略中教育信息化的实现和"互联网 + 教育"计划的全面开展。

外部优势。要充分发挥现行国家政策和技术发展的优势，提高升级人工智能技术融合乡村体育教师培训。人工智能技术融合乡村体育教师培训要充分发挥本身自带的独特优势，并在自身独特优势的基础上不断提高人工智能技术融合乡村体育教师培训的融合度。首先，最基础的是为乡村体育教师培训提供差异化、人性化的培训学习资源，提高培训学习资源的质量。利用互联网的快捷方便不断更新国内外先进知识理念和方法，更新最前沿的专家课程，构建一个乡村体育教师互联网云信息资源服务平台，先进技术和方便的平台可以助力农村体育教师获得更优质的服务和学习资源。其次，在确保使用多种多样的培训学习方法的基础上，提高培训考核质量。要运用互联网人工智能技术对乡村体育教师进行分析，加强乡村体育教师培训过程和结果的评审考核，提高培训方式的科学性和质量。再次，在科学有效地安排培训时间和地点的基础上，增强培训监督管理力度。人工智能技术融合农村体育教师培训有效地解决了乡村体育教师培训受时间和地点限制的问题，使乡村体育教师获得更多可自由支配的培训学习时间，所以在乡村体育教师运用互联网进行培训时需要更科学先进的检测评价技术，从而保证乡村体育教师在线上培训的质量，这样可以有效避免教师不用心参与培训学习等行为。最后，在确保培训学习效率和质量的基础上，全力保障乡村体育教师培训的效率质量。人工智能技术融合乡村体育教师培训，乡村体育教师有更多时间将时间和精力放在课程创新、提高教学质量之中，实现人工智能技术促进乡村体育教师培训高水平、高质量发展。借助人工智能技术融合乡村体育教师培训模式，助推乡村振兴战略进一步实施。人工智能技术融合乡村体育教师培训可以帮助乡村体育教师得到更大数量、更全种类、更符合需求内容的培训学习资源，促进乡村体育教师培训质量效率的提高。另外，人工智能技术融合乡村体育教师的模式应用于实践教学中，一方面，可以避免乡村体育教师进行重复无用的培训，有更多可自由支配的时间投入课程创新、提高教学质量的工作中，从而达到提高教学质量的目的；另一方面，也可以使学生享受到人工智能技术所带来的福利，有机会接触更多前沿的培训学习资源、更高效地得到问题的解答方案、更快捷的作业反馈，也能够缓解受训教师因为培训学习时间地点带来的压力，从而科学高效快乐地参加培训学习。所以，人工智能技术融合乡村体育教师培训可以让师生共同享有人工智能技术带来的福利，所以要科学有效地借助人工智能技术融合乡村体育教师培训模式，夯实乡村体育教师教学本领，进一步提升乡村教学水平，助力我国乡村振兴战略的发展。

（2）适用性。从整体来看，"AI + 乡村体育教师培训"模式要紧握现代化数字技术的机遇，保证自身发展的可持续性和创新性。当然该模式并非千篇一律，要发挥其柔性，根据不同地区不同学段制定不同的培训模式，时刻把握 AI 技术的强大优势，打造地域特色和时代特征的现代化培训模式，助力乡村体育教学和学校体育高质量发展。根据部分参加培训的乡村体育教师的反馈，有些课程内容的设计没有太大的意义，与乡村教学的实际情况有很大偏差，导致培训工作后续产生节奏快、内容多等问题，参训教师难以跟上培训课程的进度，无法理解教学内容，以致与预期效果相差过多。因此，在设计乡村体育教师培训课程时，应结合乡村教学的实情，内容要做到精简。在相关培训活动开展之前，培训组织方可以对参训教师提前展开调查与问访，了解在信息技术方面学习的需求程度，结合参训教师的意见，做出培训课程的调整，尽可能地提高针对性。此外，在进行乡村体育教师培训课程中信息技术运用能力培训时，要根据参训教师不同的信息技术素养设计不同的内容，尽可能帮助参训教师提高综合教学能力。另外针对某些年龄过大没有接触过互联网的乡村体育教师，更要注重帮助他们提高基础运用能力，在培训课程内容的设计上可以以搜索资源、制作课件等方面来入手。学习互联网的意义不仅仅是要在体育学科的教学上展现出来，可以在进行体育学科的教学时插入一些相关的主科知识和案例，提高培训内容设计的真实性和实用性。另外，帮助乡村体育教师理解信息技术方面的知识，加深此方面的认识，更好地实现优质教育资源的有效利用和整合，能够极大地提高乡村体育教师培训的效果。

3. 如何消除运用人工智能带来的负面影响

（1）提供咨询服务。针对一些偏远乡村地区抵触新鲜教学模式和道具的老教师，培训部门需要开展健康引导服务，帮助这部分乡村老教师缓解或消除内心的抵触心理和障碍。具备条件的要尽量提供专业的心理咨询服务，不具备条件的要定期进行流动心理咨询，定期开展心理咨询活动，引导乡村体育教师减少对人工智能技术的抵触情绪和消极心理，增加对人工智能技术融合乡村体育教师培训的认可程度。第一，要提供科学准确的心理咨询诊断服务，准确了解教师的问题。再通过心理医生的专业诊断，将对人工智能技术与日常教学怀有抵触心理的乡村体育教师群体进行人工智能大数据分析，得出结果再结合心理医生给出的诊断建议对其有侧重点地引导关心。第二，不仅是抵触人工智能新鲜事物的问题，关于生活工作等带来的心理问题都需要定期开展心理咨询活动和自我疏导等。第三，要开设教导乡村体育教师如何有效处理人工智能技术与传统教育教学之间关系的课程，引导乡村体育教师了解人工智能技术是时代发展的趋势社会科学发展的必然要求和结果，引入人工智能技术不代表是对优秀传统的背弃，人工智能技术与优秀传统相互成就相互提高是更进一步的表现。

（2）开展相关课程。开展从基础简单知识到深入困难知识的人工智能技术普及课程，充分减少教师对人工智能技术的抵触心理，提升其顺利完成人工智能技术融合乡村体育教师培训的信心。注意重视人性化提供足够的人文关怀，增强情感交流和互通。要坚持适度使用人工智能技术的原则，避免对人工智能技术过分依赖，注意重视人性化足够的人文关怀，提高两者之间彼此交流熟悉和情感交流的机会。第一，摒弃人工智能决定教学模式的偏见观念，使人工智能技术在乡村体育教师培训中为培训做好辅助性"小帮手"的角色，充分展现人类在信息化乡村体育教师培训中的主导地位。第二，加强培训过程中对受训乡村体育教师的关心关爱和鼓励。第三，在传统面对面课堂培训中加强互动交流，而在互联网数字化教学中充分利用信息化平台方便快捷的优点使培训过程气氛活跃效果显著，第四，要确保培训前后都能使培训者与被培训者都可以取得联系随时沟通，构建气氛良好的和谐关系，提高受培训教师在培训中主动参与和积极学习的内在驱动力。

4. 提高参训教师人工智能专业技术运用能力

提高人工智能技术专业乡村体育教师教育培训水平，全方面增强乡村体育教师人工智能技术综合素质。人工智能技术综合素质在人工智能技术融合乡村体育教师培训中扮演着重要的角色，所以针对现阶段我国乡村体育教师的人工智能技术综合素质水平高低不一的状况，要加强人工智能基础技术的培训，加强人工智能专业技术教育，对乡村体育教师的人工智能技术综合素质进行提高。具体如下。

（1）提供硬件保障。乡村学校基础设施要达到标准水平，确保乡村各地区配套基础设施正常运作，为开展人工智能技术融合乡村体育教师培训提供必要的软硬件支持。

（2）提供软件支持。提供人工智能技术专业综合素质课程，根据大数据对乡村体育教师数据的分析为乡村体育教师提供人性化、差异化的培训课程服务，重点解决乡村体育教师出现的问题，提高乡村体育教师运用人工智能技术的综合能力。

（3）提供实践知识。提供更多的人工智能技术演示教程，使乡村体育教师将人工智能技术运用到实践教学中，提高将理论知识转化为实践教学的能力，从而增强乡村体育教师的人工智能技术综合素质能力。坚决遵守人工智能技术伦理标准，实现教师与机器和谐发展的局面。要根据乡村教师个人需求提供服务，整合资源合理分配，提高乡村体育教师学习的效率，调动乡村体育教师的学习热情。我们现有的大部分乡村体育教师课程都是普适性培训课程，不能有效针对个性化需求和实际情况制定培训内容，距离实现现代化、个性化并真正利于实践的教学培训还有一定距离。乡村体育教师扎根乡村地区，更需要大量科学有效便于实施的实用性知识，要求所学的知识跟自己所在乡村学校的实际情况联系性更强。乡村教师培训工作加入现代化、信息化人工智能的大数据算法可以依靠其人工智能优势，给不同场景不同地区和学校、老师提供解决方案，凸显"AI+"的现代化、信息化人工智能优势。

（4）提供差异化服务。借助人工智能技术进行乡村教师培训，要根据乡村体育教师个性化需求同时将培训资料进行差异化分类，将乡村体育教师的教学习惯和学习方式通过人工智能技术进行数据分析，实现根据乡村体育教师个性化需求将培训资料进行差异化分类并准确推送给受训教师。将乡村体育教师的有效信息通过现代化信息化人工智能的大数据算法进行分析，可以更快获得科学有支撑的受训乡村体育教师的各项学习数据和学习习惯，通过分析受训乡村体育教师的各项学习数据和学习习惯提供更与之匹配的培训资料，将受训乡村体育教师的培训积极性和培训学习的效率进一步提高。

（5）构建多元化、人性化学习模式。创建更多元的培训方法，增加更多参与培训的渠道。以往的乡村体育教师的培训模式比较死板，这对于地处偏远且交通不便的乡村地区学校体育老师极为不方便，导致不能参与培训。大部分乡村体育教师进行的培训都是传统模式的讲座，这样的好处是将受训乡村体育教师集中在一起。虽然培训规模足够了，但是这种传统形式的培训效果较弱，这种传统培训形式只有培训专家讲，很少有交流互动和讨论，乡村体育教师对这种培训的主动性和认可度不高。基于现代化信息化人工智能的大数据算法的乡村体育教师培训，解决了传统方式下乡村体育教师"大讲座式"培训方式的枯燥，让乡村体育教师培训内容方法更多元、更科学，让传统定点培训、游学交流培训、实体培训、互联网培训等各类渠道的培训方式协同并进共同发展，不断充实乡村体育教师培训。另外，要科学规划培训时间和位置，提高受训乡村体育教师知识的收获。人工智能技术广泛应用在乡村体育教师教育教学培训提升进程中，如慕课、学习通、学习强国等网络课程已经在数字领域大面积使用，各种智能手机、笔记本电脑、台式计算机等互联网设备的广泛应用帮助乡村体育教师培训不再局限于传统固定在一个教室的大讲堂培训，可以自由支配时间空间，形成了传统定点培训、游学交流培训、实体培训、互联网培训、人工智能技术与受训体育教师相互联系、相互提升的乡村教师培训新模式。另外，乡村地区体育教师在岗时间更久，要处理更多与教学无关的问题，比如留守儿童关爱、学生身体营养等问题，乡村体育教师培训加入现代化、信息化人工智能技术可以协助乡村体育教师减少时间和地点带来的不便，顺利解决农村体育教师因为时间地点问题而不能参加培训的问题，丰富了乡村体育教师在培训中学到的知识。此外，加入现代化、信息化人工智能技术的乡村体育教师培训不仅可以增强培训教师的教学效率，还可以增强受训乡村体育教师的学习效率。随着人工智能技术的加入，受训乡村体育教师有机会将更多的时间分配给培训学习，利用零碎时间进行培训，将受培训的乡村体育教师学习结果进行现代化、信息化人工智能大数据技术分析，通过分析得出的结果，制定差异化个性化培训，增强培训效果和质量；受训的乡村体育教师也可以通过人工智能大数据技术更直观地了解自己的优缺点，根据数据改变自己的学习方法，把人工智能技术加持下所学的理论知识和方法快速运用到实践中，从而增强培训学习质量。

5. 人工智能在乡村体育教师培训的运用准则

人工智能技术融合乡村体育教师培训是时代发展和教育信息化发展的必然结果，要坚决遵守人工智能技术伦理标准，积极科学辩证地对待人工智能技术，让人工智能技术与乡村体育教师培训互相帮助、互相提高。第一，提高伦理意识建设，处理好教师与机器之间的关系。教育培训不仅可以传递知识还可以使人内心富足，人工智能技术虽然智能但是没有人类使用无法独立工作，利用好它可以给使用者带来极大的便利以提高培训质量和效率。因此，乡村体育教师要与人工智能技术互相帮助、互相成就，进一步提高人工智能技术伦理意识，积极科学辩证地对待人工智能技术。第二，加快构建人工智能技术科学规划全面推行工作，加快区域之间和谐友好发展。要坚决以试点已经得出的成果为引导，加快扩大人工智能技术融合乡村体育教师培训的全范围推广覆盖，将侧重点和注意力放在中西部偏远落后的乡村地区，利用人工智能技术帮助当地乡村学校体育教师学习培训，减少和缓解教育资源不均产生的教育不公的问题。第三，注重教师和学生的隐私保护，增强数据的安全保障。提高个人信息个人隐私的保护和防范意识，对互联网人工智能学习培训平台海量的资源进行保护，杜绝隐私信息资源泄露，促进人工智能技术融合乡村体育教师培训科学健康绿色和谐发展。

6. 如何将人工智能运用到乡村体育教师培训中

（1）重视创新的作用。应提高培训思路和方法的创新，提高应对各种特殊情况的能力。面对互联网信息化时代的快速发展，人工智能技术融合乡村体育教师培训要不断创新、不断提升，增强适应各种问题的能力。第一，注意重视信息化培训技术的变革创新，确保技术的科学性创造性。一方面要将培训相关的方法和思路技术向先进看齐，不断提高乡村体育教师培训的信息化智能化水平；另一方面要重视对乡村体育教师培训技术方法创新思维的发掘，使培训技术始终处于领先地位。第二，吸纳更多具有创新能力的新型人才，努力使培训科学人性。在目前

139

已有的乡村体育教师师资基础上，适量吸纳更多具有创新能力的新型人才，保证培训质量的同时努力使培训方式和培训的过程更具创新性更吸引人。第三，促进思维思想的相互交融碰撞，力图永葆思维思想的创新性。不同思维之间相互碰撞交流可以源源不断地产生新想法，人工智能技术融合乡村体育教师培训与传统乡村体育教师培训相比，增加了人工智能技术在培训教学辅助道具的使用占比，培训组织者和负责培训的教师需要尽快熟悉带有互联网人工智能技术的培训平台，在这些带有互联网人工智能技术的培训平台上与参与培训者进行互动交流和评价沟通，保持思维的沟通与交流，才能不断提出具有创新思维的新想法。

（2）正视差距顺应时代潮流。要紧跟信息时代发展大势，吸收优点并自我反思学习。在人工智能信息化时代，人工智能技术融合乡村体育教师培训要确保顺应时代潮流，满足时代发展必需的要求，准确定位当前自己在人工智能技术时代的主要位置，主动担负起增强国家综合实力的使命。要学习西方教育信息化人工智能技术融合乡村体育教师培训模式积累的经验，我国近几年教育信息化人工智能技术融合乡村体育教师培训模式也颇有成效，所以我们要坚持自己的优点吸收他人的优点；人工智能技术融合乡村体育教师培训是信息化时代发展的大势所趋和必然结果，在我国的乡村振兴战略大背景下起到了重要的作用。在人工智能技术融合乡村体育教师培训中，正确处理好受训教师与人工智能技术的关系十分重要，培训组织者和负责培训的教师要充分发挥人性化、人文关怀和人类智慧，争取培养一批有思想有抱负有理想、有教师职业操守、有真才实学、心地善良、品行端正的好教师。实现人工智能技术与乡村体育教师培训的深度融合、推进人工智能技术融合乡村体育教师培训可以实现更高水平的发展进步以及避免因为互联网信息化及人工智能带来的教育差距。

（3）以国家政策方针为导向。要紧跟国家政策的指引，积极主动关注政策和技术的最新发展，不断通过吸收新技术、新方法达到优化目前培训模式的目的，提高自我能力和素质。充分利用已有的技术做保障，突出当地特色。我国推行的教育信息化和互联网融合教育大方向均为人工智能技术融合乡村体育教师培训的进一步发展提供技术保障和政策支持。人工智能技术融合乡村体育教师培训充分利用已有的技术做保障，确保稳定发展的同时兼顾培训效率。对于地方区域特点明显的地区，不仅要充分落实人工智能技术的功能和效果，又要根据当地实际情况和地区特点构建人性化、差异化的乡村体育教师培训新模式，使乡村体育教师培训新模式不仅顺应时代发展的潮流又兼顾当地，保留自身优势的同时兼收并蓄带有时代性，同时也要时刻向国家政策看齐，积极响应国家号召。为帮助人工智能技术在乡村体育教师培训中顺利推广，我国为此出台了一系列方针政策。人工智能技术融合乡村体育教师培训要时刻与我国相应政策方针看齐，朝着国家指引的方向发展前进，自觉遵守乡村体育教师培训所需要遵守的各项规章制度，力争做到完成国家预定的目标，建设乡村体育教师培训的优秀标杆，助力国家乡村振兴战略的实施与发展。

（4）充分发挥人工智能的高效性和辅助作用。可以利用人工智能为乡村体育教师培训带来许多便利和改善，具体有：①智能化课程设计。人工智能可以分析乡村体育教师的学习需求和水平，为其提供智能化的课程设计和定制化的教学方案。②智能化学习辅助。人工智能可以为乡村体育教师提供智能化的学习辅助工具，如语音识别、自然语言处理、在线翻译等，帮助他们更好地理解教学内容。③智能化考核评价。人工智能可以为乡村体育教师提供智能化的考核评价工具，如自动化评分、人机交互评估等，实现全方位的考核评价。④进行个性化学习推荐。人工智能可以根据乡村体育教师的学习记录和学习习惯，为其提供个性化的学习推荐，帮助他们更快速地掌握所需知识和技能。⑤数据分析和预测。人工智能可以对乡村体育教师培训的数据进行分析和预测，为培训机构和政府部门提供决策参考，以实现更好的培训效果。⑥在线教育平台。借助人工智能技术，可以建立乡村体育教师在线教育平台，为其提供更为便捷和高效的培训方式，以满足他们的学习需求。此外，还可以利用 AI 进行确定培训目标，具体有：①在使用人工智能帮助乡村体育教师培训前，需要明确培训的目标和需要达成的目的，如提高教师的教学技能、拓展知识面、增强管理能力等。②选择适合的人工智能技术。人工智能技术的种类繁多，需要根据培训目标和教师需求选择适合的技术，如自然语言处理、机器学习、虚拟现实等。③整合教育资源。整合各种教育资源，如在线课程、电子书籍、视频教程等，为教师提供多样化的学习方式和内容。④个性化教学。利用人工智能技术的个性化推荐和学习分析功能，为每个教师制订个性化的学习计划和教学方案，提高教师学习效果。⑤提供实时反馈和评估。通过人工智能技术提供实时的学习反馈和评估，帮助教师及时纠正错误和提高学习效果。⑥保护隐私和数据安全。在使用人工智能技术进行教师培训时，需要保护教师个人隐私和数据安全，确保教师的信息不被滥用和泄露。⑦建立良好的互动机制。教师在学习过程中需要有与培训机构和其他教师的互动和交流机制，促进教师之间的学习和分享。

4.2.6 建立健全乡村体育教师培训的激励评价体系

1. 优化培训激励评价体系的设计环节

（1）了解参训教师需求，做好教师培训激励体系的设计。乡村体育教师培训过程不是断断续续的，而是一个持续的、整体的、动态的过程。对乡村体育教师的培训更要注重乡村体育教师在教学过程中遇到的实际问题和困境，从乡村体育教师最为迫切个体需求入手，关注其专业水平的提高过程以及主动学习思考的能力。乡村体育教师的培训，最关键的环节是要调动起参训教师的主动性和积极性，让教师自觉参加培训，提高自身的各项能力水平，这也是落实乡村体育教师培养计划、增强乡村体育教师队伍整体素质、改善乡村体育教师培训效果的重要过程。乡村体育教师在参加培训活动过程中都会有自己的心得体会，对未来的教育事业充满热情，但具体到工作岗位上又会遇到大大小小的问题和困难阻碍培训成果运用到教学实践中。因此，要建立起乡村体育教师培训的激励体系，通过外部作用力促使乡村体育教师参与培训。当前乡村教育发展的首要问题就是教师流动大、留不住优秀教师的问题。乡村体育教师培训激励机制的相关政策目前来看落实的效果不太好，存在着一些落实不到位、政策产生误解等仍需改进之处。乡村体育教师培训激励政策体系需要加大执行落实的力度，不能只是"喊口号"，要切实代入乡村体育教师的身份中，要取得乡村体育教师的信服，真正凸显相关政策体系制定并推行的必要性。此外，相关政府部门必须要改善乡村教师的生活环境，对乡村教师职业规划和留任计划做出对应的调整。乡村体育教师培训激励政策的设计要做到以乡村体育教师的个体需求为基础，采用物质与精神结合的形式，做到保证物质激励与精神激励并存。具体有：①相关部门应该提高乡村体育教师日常福利待遇，保证教师生活稳定。对于住房、医疗、养老等其他问题，政府要积极采取相对应的政策措施，确保乡村体育教师补助落实下去。②相关政府部门应该建立起科学合理可行的乡村体育教师激励机制，合理分配教师编制，加强对优秀乡村教师的宣扬和表彰以提高乡村教师的社会地位，采用一系列精神层面的激励措施来稳定乡村教师。增加对乡村体育教师的支持和激励，从而提高他们的职业积极性和工作热情。如可以加强与教育部门和相关机构的合作，争取更多的政策和经费支持，为乡村体育教师提供更好的教学环境和福利待遇。通过提供更多的奖励、培训和晋升机会，激励乡村体育教师的积极性和热情，以提高他们的教学水平和专业技能。对于乡村体育教师，应该提供更多的职业发展机会和支持，以激励其持续学习和成长。如可以通过提供晋升机会、举办职业培训、设置奖励机制等方式来实现这一目标。针对乡村体育教师的特殊工作环境和教学任务，应该建立良好的激励机制，鼓励他们积极投入工作、提高教学质量。可以通过设置奖金、评选优秀教师、提供职称晋升等方式来激励其工作热情和教学创新。③有关部门要改善乡村体育教师职称评审模式。乡村体育教师存在社会地位低、职称获取困难等现实问题，相关部门要做到对乡村体育教师的政策倾斜，适当降低乡村体育教师评职称标准，实施多种形式的评价方法，进而达到吸引乡村教师、留下乡村教师的目的，以解决乡村体育教师流失的难题，促进乡村教育事业的发展。通过建立并运用培训激励机制能够更好地塑造参训体育教师的团队精神，科学合理的激励机制能够极大地提高参加培训的乡村体育教师的积极性和主动性。

（2）了解培训活动评价体系的价值，为后续评价活动的顺利开展做好铺垫。高质量培训效果的背后，必然有一个与之相对应的培训绩效评价体系作为支持。乡村体育教师培训评价体系是指对培训目标、培训项目、培训内容、培训形式、培训效果等一系列、全过程的整体评价。教书育人要常学常新，参加教师培训是乡村体育教师进行终身学习、专业学习的一种表现形式。乡村体育教师培训评价考核标准一定要具备发展性、指导性、衔接性，要做到用发展的眼光看待培训活动，以未来的预期培训效果作为评价考核标准，对参训教师的培训情况和教学实践做出整体评价，同时结合乡村体育教师自身实际情况进行科学合理公正的评价；培训评价考核标准要具备实践性、交往性等原则，以参训教师为

143

主体，把培训过程当作培训教师与参训教师共同学习发展的过程，改变传统思维模式；培训机构可以与乡村教师职称评估等活动联系在一起，让培训机构成为连接政府、乡村学校和乡村教师的纽带，并且由上级相关部门对乡村参训教师培训成果进行评价与审查，可以防止在培训过程中出现不公的情况，保证乡村体育教师培训工作的公正。乡村体育教师培训不仅要重视培训实际效果和过程，更要对效果考核给予更多关注。培训评价实际上是一种信息的反馈，帮助参训教师和培训教师发现此次培训过程中出现的种种问题、不足和缺陷，为乡村体育教师培训良性循环提供保障。对乡村体育教师培训建立健全有效的评价体系，可以提高培训活动的质量，带动乡村体育教师参与培训的积极性。乡村体育教师的培训不仅要做到符合时代特点、完善政策法规，最重要的是做好培训过程的评价活动，并建立起科学可行的评价指标和考核体系。从乡村体育教师培训目标的确立到培训方式的多元化选择再到培训内容的确定，以及最终评价体系的发展，每个环节都要给予更多的关注，让培训活动更好地契合乡村体育教师自身发展的需求，提高此次培训的质量。乡村体育教师培训评价体系一方面能提高参训教师对培训工作进行的重视程度；另一方面能对培训专家同时起到监督作用，规范培训过程。在对评价工作的开展上，应该引入第三方评价机制体系，避免参训教师因为其他主观因素而得到不准确的评价。第三方评价机制可以以委托的形式进行，通过专业的评估团队来对整个培训活动进行评估，在培训前评估培训活动的可行性；在培训中看此次培训的目标是否能够达成，培训内容和培训方法的选择是否合理，找出不合理之处并加以修改；在培训结束对培训结果做出分析评价；保证做到对整个培训过程展开动态追踪。其中的评估重点是对乡村体育教师培训内容的评估，要分析此次培训活动内容是否符合参训教师实际需求。

只有对乡村体育教师培训进行全方面、全角度的工作评价，建立相关对应的培训质量监控体系，保证评价工作进行的时效性，才能确保乡村体育教师能真正地从培训学习中得到成长，进而提高乡村教育工作的教学质量。乡村体育教师培训评价标准要建立在相关乡村体育教师职业价值之上，既是对乡村体育教师进行激励的一种形式，更是对乡村体育教师培训过程的一种监督。不仅要有培训结果的评价，更要注重培训项目、培训过程和培训专家的评价。对乡村体育教师培训的评价要更加注重综合性的成绩体现。考核结果不仅以某次培训考试的成绩作为衡量标准，同时也可以加入对乡村体育教师平时学习情况的评价，从乡村体育教师的角度来制定标准，保证培训内容符合参训教师自身的成长需求、参训教师专业水平和教学能力有所提高，为之后的教学培训制定新的考核标准。健全乡村体育教师培训评价体制，做到培训评价的多元化，最大限度地避免评价结果的偏差和不公正现象。遵循多种评价原则，通过培训方评价、参训教师匿名评价和评价专家调研评估等他评形式，让培训结果更具备权威性和可行性，对本次培训项目设计、培训活动实施、培训效果和参训教师满意程度等多项内容进行多角度、多方位、多层次的评价，针对的不仅是培训结果，更要考虑到参训教师经过此次培训是否有专业知识的提高、教育理念的发展等培训目标实现程度，并把考核结果作为调整下次培训内容的依据和基础，推动培训方进行培训活动的再设计和改善。要特别进行强调的是做好培训后跟踪环节，通过培训机构定期去往乡村学校回访的形式，考核参训教师是否真正地将培训所学运用到自己的课堂教学中，并对参训教师提出的问题进行指导，帮助参训教师树立起终身学习的观念。国家层面也可以制定相应的乡村体育教师培训评价标准，各个地区利用大数据形式进行评估培训活动。

乡村教师培训管理部门负责对培训项目和培训项目负责人进行评价，培训项目负责人及培训机构对参加培训的乡村体育教师和专家进行评价。培训项目和项目负责人的评价主体是参加培训的乡村体育教师，培训专家的评价主体是参加培训的乡村体育老师和培训项目的负责人，参加培训的体育老师的评价主体是专家和培训项目的负责人。对教师培训项目和专家的评价应该放在培训后并且通过网络的形式进行，评价结果直接录入乡村教师培训管理部门，相较于现场评价这样更能保证评价活动进行的客观性和真实性。对参训体育老师的评价内容主要分为两个方面：一方面，通过考勤制度来判断参训教师参与培训情况，希望能够将这种外在的作用力和监控力转变为参训教师后续主动参与培训的主动性和积极性；另一方面，培训机构可以通过培训期间的作业和考试来对乡村体育教师的培训结果进行详细、多维评价，由此来直观地反映此次参训教师参加培训的效果。由培训机构根据以上两个方面来确定参与培训的乡村体育老师的培训水平和分数，可以以此结果为基础，将这个培训水平和分数与职称评聘挂钩，尽可能地刺激和鼓励乡村体育老师积极参加培训活动，为乡村体育教师未来带来更好的发展前景和机会。乡村学校也可以对参加培训的乡村体育教师展开后续的培训评价工作，建立全新的评价观念，将参训教师的培训效果反馈与其本身的职务晋升、福利待遇、年终考核联系在一起，加大培训考核评价力度，借助外界作用力来推动参训教师培训学习成果的转变，保证达成培训工作的预期效果。

2. 如何建立乡村体育教师培训激励和评价体系

建立乡村体育教师激励评价体系是促进乡村体育教育发展的重要举措之一。

（1）制订明确的工作目标。为乡村体育教师制订明确的工作目标，明确任务完成的标准和要求，制定合理的考核办法。具体有：①提供良好的工作环境。为乡村体育教师提供良好的工作环境和教学设备，提高教师的工作积极性和效率。②提供继续教育机会。提供继续教育机会，为乡村体育教师提供培训、进修和学习机会，提高其专业素质和教学水平。③绩效考核。建立绩效考核体系，评估教师的教学能力、工作质量和学生评价等因素，以此为依据进行激励和奖励。④提供合理的薪酬待遇。根据乡村体育教师的工作表现、教学效果和学生评价等因素，提供合理的薪酬待遇，激励教师持续改进教学质量。⑤建立荣誉制度。建立荣誉制度，对表现突出的乡村体育教师进行表彰和奖励，激发教师的荣誉感和归属感。⑥提供职业晋升机会。为乡村体育教师提供职业晋升机会，激励教师持续提升自身素质和教学水平，推动教育事业的不断发展。⑦建立交流合作机制。建立乡村体育教师交流合作机制，加强教师之间的互动与合作，提高教学质量和教育效果。通过建立乡村体育教师激励评价体系，可以激励和促进乡村体育教师的教学质量和工作积极性，进一步促进乡村教育事业的发展。

（2）制定一套科学合理的评价指标体系。应当制定多元化的评价标准，除了考核教师在课堂上的表现，还应考虑到教师教学成效的评价，如从学生学习成绩、学生学习兴趣等多个方面进行评价，以更全面地考量教师的教学水平和发展潜力，针对不同类型的教师和不同的教学内容，制订个性化的评价标准和方案，鼓励教师发挥自身优势，积极参与培训，提高专业水平。可以采用多种评价方式，如教学观摩、教学反思、教学案例分析等，以全面、客观、公正地评价乡村教师的教学能力和素质。另外，应当根据乡村教师的实际需求和培训目标，综合考虑教

146

学效果、教学态度、课程设计等多个方面，合理设置评价指标，确保评价结果具有激励性。建立乡村体育教师激励评价体系需要考虑以下五点：①确定评价指标。需要制定一套科学合理的评价指标体系，既能够衡量教师的教学能力、专业素养等方面的水平，也能够考核教师在推广体育知识、服务社会等方面的贡献。②建立激励机制。制定具有吸引力的激励政策，包括薪酬待遇、职称晋升、评优评先等方面的激励措施，以及奖金、旅游等非工作方面的激励手段。③建立评价程序。需要建立科学规范的评价程序，包括评价对象的确定、评价指标的制定、评价方法的选择、评价结果的汇总等环节，确保评价的公正、客观和准确。④实施评价监督。建立评价监督机制，加强对评价程序和结果的监督和检查，发现问题及时纠正，并对评价结果进行及时公示，提高评价的透明度和公信力。⑤定期评估。建立定期评估机制，每年对评价体系进行一次全面的评估，发现不足之处及时改进，提高评价体系的科学性和可操作性。通过乡村体育教师培训项目评价机制的建立，对培训项目的预期效果展开追踪和评价，进而可以提高培训项目本身的质量；通过构建相关的乡村体育教师培训过程评价体系，可以对本次开展的培训活动结果的质量展开评价，便于后续对培训过程的修改与完善；通过构建相关乡村体育教师培训专家评价体系，可以提高培训人员的负责态度，提高项目实施的质量。乡村体育教师培训评价体系应该建立在乡村体育教师的个体需求之上，评价得分标准要考虑到参训教师的学习状况、培训内容、培训课程设计、培训教师的课堂互动能力、培训教师的培训水平和参训教师满意度等其他因素。综合考虑的评价因素可以为下次培训活动的开展选择出具有更扎实知识底蕴、专业教学能力、过硬专业水平的培训教师，确保乡村体育教师能够最大限度地从此次培训活动中得到综合提升。此外，除了短期培训的评价，还应建立长期的评价机制，如定期跟踪教师的教学成效，为教师提供更多的职业发展机会和晋升途径，鼓励他们不断提升自己的专业水平和能力，从而形成良性的激励循环。评价结果应当及时反馈给乡村教师，同时提供相应的改进意见和支持，帮助教师不断提高自己的教学能力和素质，从而实现评价结果的激励作用。

（3）制定明确的考核指标。应该从教学、科研、管理、服务等方面进行考核，并根据不同岗位和职责确定具体的指标和权重。具体有：

①确定考核周期和方式。考核周期应该合理，考核方式应该多样化，包括教学检查、学生评价、同行评估、成果展示等多种形式，以充分反映教师的综合能力。②建立激励机制。通过建立奖励机制，激励优秀教师的工作积极性和创造性，包括物质奖励和荣誉奖励等。③重视反馈和改进。通过考核结果及时反馈教师的表现，指导其改进工作中存在的不足之处，提高工作质量和效率。④公正、透明、客观。考核应该公正、透明、客观，避免出现利益输送和人情关系干扰。同时，应该对考核结果进行公示和解释，让教师和社会各界对考核体系有更好的认知和理解。乡村体育教师的培训的激励与评价体系的建立要综合考虑多种因素，建立的评价指标要有参考意义和实际意义。做到全面量化乡村体育教师培训评价指标。根据评价体系的结果反馈，对参训教师和培训教师给予适当的奖惩，尽最大可能发挥出培训评价体系的作用，真正对参与培训的所有人员起到激励与监督作用。乡村体育教师培训的评价是一个不断重复进行的过程。从开展培训活动方面来看，培训教师需要对培训的全部过程的全部工作要做出客观的评价。多方面的培训评价过程的意见整合到一起，对汇总的结果做出分析并加以判断，找出此次培训活动的不足之处。重复进行的评价过程同时也为培训活动不断地提供修改完善方向，也能够更好地监督、激励所有参与培训的人员。评价体系之外还要建立起额外的监督机制，根据评价结果的反馈制定新的举措和提出新的修改意见，保证培训项目后续修改完善工作的落实，提供规范性和方向性。根据评价体系提供的结果制定具体修改的方案和意见，并进行监督，既能帮助后续工作的快速和准确落实，也能帮助提高培训工作的规范性，为下次开展培训活动指明方向。同时激励与评价体系的建立是一个长期的过程，除了开展乡村体育教师培训活动的组织方管理方之外，还需要政府部门和社会其他力量的帮助，努力保障乡村体育教师培训活动的顺利进行和评价与监督机制的科学合理设立。

（4）制定完整闭环的体系。建立健全乡村体育教师培训的激励与评价体系，明确评价培训工作的方向、内容和标准，帮助乡村体育教师培训活动的开展和结束。从整体上来看，培训活动的评价过程是一个持续、循环的过程，不仅是单方面参训教师对培训活动的评价过程，也是一个培训方对参训体育教师评价的过程。从乡村体育教师培训活动本身来看，参加培训的乡村体育教师需要对培训活动的整个框架、每个环节的具体工作实施情况进行整体客观的评价；而从开展培训活动的教师角度来看，此次培训活动的组织方和管理方需要对参加培训的乡村体育教师进行整体客观的评价。不管是对哪个方面的评价，最终整合到一起都是为了乡村体育教师培训事业的持续发展，每一个评价环节都是不可缺失的。不同层次的评价活动相辅相成，最终汇总在一起后能够较为客观和全面地发现不足和问题，这个过程不仅是对完善乡村体育教师培训活动课程、管理的修正，也是对参训体育教师的监督。此外，建立一套针对性的、具备长效性的激励与评价体系，其中要包括参训教师和培训教师对开展的培训内容的评价、对培训内容设计的合理性和实用性的评价以及参与培训课程的积极主动性评价等方面。最重要的还是要从参训教师培训效果方面来进行评价活动，要对参训教师从培训知识是否符合个人需求、专业运动技能水平是否得到提高、将培训所学运用到实际教学中效果、培训后主动学习进修的态度如何等多方面来进行考量；在培训后期还要对参训教师工作表现进行一系列的评估，观察参训教师是否将培训所学运用到工作中，教学质量是否有明显的改善。同时要建立健全参加培训教师的个人档案管理机制，对每次参加培训的教师培训效果和后续状态进行记录和管理，便于后期形成参考和对比，真正体现出开展此次乡村体育教师培训的价值所在。参训教师的个人档案管理还要记录包括培训前后工作表现、培训知识运用程度、教学成果等，对这些方面指标进行具体量化，同时借助描述性记录，对参与培训的乡村体育教师的课堂教学进行记录等。

（5）制定合理的实践检验方式。乡村体育教师培训的实际效果必须从参训教师后续开展的课堂教学效果来得到检验和进一步的评价，所以在培训的过程中也要开展更多实践形式的课程。设计乡村教师培训课程的专家组在开展工作时，必须考虑到实践课程的重要性，只有将理论知识运用到实践中，参加培训的乡村体育教师才能真正得到成长。开展对应的乡村体育教师培训活动时，要积极开展参与型课堂，在实践中学习，将理论知识融入实践教学，帮助参训教师完成身份上的转变，让参加培训的乡村体育教师对开展的培训课程内容有着更深层次的理解，帮助参训教师在参加完培训后能尽快地将培训学到的知识技能投入课堂教学。体育科目教学是一项具备高实践性的教学科目，授课时需以科学的理论为指导。仅通过专家讲座、观摩优秀教师授课、阅读文章等形式并不能对参加培训的乡村体育教师立即产生影响，必须让乡村体育教师在实践中得到成长。

3. 乡村体育教师培训评价方面存在的问题

目前不少"国培计划"在培训过后没有第三方机构进行评价评估的环节，大部分培训负责人是以发放调查问卷、量化考察表的形式简单地收集一些与培训相关的信息，但最终没有得到及时的反馈并改进。评价活动缺乏系统性和连续性，获得培训证书往往就意味着培训活动的结束，忽视了真正该重视的培训效果方面的考察。针对种种问题，应构建完善合理的乡村体育教师培训体系，对乡村体育教师培训项目、乡村体育教师培训过程、乡村体育教师培训教师专业评价体系和参训乡村体育教师评价体系建立起多元评价体系；构建科学的评价体系和指标，我国关于乡村体育教师培训的评价方面还没有构建起科学合理专业的评价方式、评价内容等，多数评价活动的开展最终都流于形式，反馈得到的数据和信息并没有太大的参考意义和价值。只走形式的评价体系不仅不会调动参加培训的乡村体育教师的积极性，反而会在一定程度上让他们抱有侥幸心理，严重影响最终培训工作的质量。

4.2.7 立足培养目标落实乡村体育教师培训方案

根据乡村教师的培养目标和专业发展目标，优化培训内容。教育部等六部门《关于加强新时代乡村教师队伍建设的意见》全面提出了乡村教师队伍建设的目标："努力造就一支热爱乡村、数量充足、素质优良、充满活力的乡村教师队伍。"此外，还明确了乡村教师素养要求，即"培养乡村情怀"，引导教师成为乡村振兴和乡村教育现代化的推动者和实践者，充分发挥新型乡村教师的引领作用，塑造新时代文明村风，推动乡村文化振兴。《乡村教师支持计划（2015—2020年）》也明确了乡村教师队伍建设的要求。即"努力造就一支素质优良、甘于奉献、扎根乡村的教师队伍""下得去、留得住、教得好"。

在山东省乡村体育教师的专业培训中，要调整和优化培训内容，强调一般性和特殊性。一般内容是指教师培训所需的一般理论知识，特殊内容是指乡村体育教师的特殊专业发展要求和岗位要求的落实，即"强化乡村教育情怀"。其中最重要的就是要注意培训内容的本土化，因地制宜，因材施教。

1. 乡村体育教师培训活动的现状

目前来看，山东省开展的乡村教师培训活动形式大多数为连续培养、送教下乡和志愿服务，以项目为主体凭借，多种方式并行，根据乡村教育现状实情和乡村体育教师自身迫切的需求，对参加培训的乡村体育教师进行专业化、职业化的培训，帮助体育教师自身专业能力水平的提高。从培训反馈来看，多数参加培训活动的教师能够实现提高自身教学水平和运动专业技能的目标，同时，更能够使参训教师对乡村实情和当前体育教学最新前沿状况有进一步的了解和感悟。乡村教育事业的发展将推动着我国乡村事业的发展，看待问题要从整体出发，立足于不同视角帮助改善乡村体育教师培训活动，做到满足参训教师需求，培养出符合我国乡村事业发展的新时代教师。

2. 乡村体育教师培训活动的对策

（1）建设好志愿者教师队伍。保证志愿者具备高专业能力和高稳定性，为参加培训的乡村体育教师做好志愿服务活动，帮助参训教师以最快的速度适应培训项目。志愿者的挑选要严格，可以建立省市级乡村体育教师培训志愿团队，根据培训活动的不断开展和进行，分配至各个培训所在地，帮助乡村体育教师培训活动稳定进行。另外，推行激励制度，保证志愿服务团队的积极性。相关培训活动的持续开展必然会牺牲志愿服务团队的私人时间，单方面的投入会打击他们的积极性。因此，可以通过运用一些激励措施提高志愿服务团队的积极性，例如志愿者参加培训工作的学时可以兑换成其他生活用品或者参加日后其他项目培训的机会，帮助自身生活或者成长，也可以通过颁发荣誉证书或其他表扬性质文件，努力增加志愿者们的荣誉感。通过一系列激励措施，调动并提高他们的积极性。

（2）建立体育科目培训教研共同体。在对参加乡村体育教师培训活动的教师开展培训时，根据参训教师存在的专业水平能力差值，推动、引导具备高专业水平的教师向体育科目教研活动发展，构建出稳定的教研共同体，在小组成员一起攻克课题的过程中实现共同学习，提高参训教师的自主学习和思考能力，不断地发现问题、解决问题。因为教研组成员都来自一线乡村体育教师，他们对在教学活动中出现的问题更有着切身体会，提出的教研课题更符合乡村教育实情，在完成课题研究之后也更能够顺利地将结果运用到日后的教学活动中。

（3）提高教师的热情。乡村体育教师对乡村的情怀和对教育事业的热爱在一定程度上也影响着教师本身的教学效果。应尽力帮助乡村体育教师提高自身的教师情怀和对乡村的热爱，做到对学生和教育事业的负责。参训教师在培训过程中也要学习如何帮助乡村学生了解体育课程的重要性，借助乡村体育教师身份帮助学生认识、了解并积极参与体育课堂。在开展相关培训活动中，乡村情怀和教师情怀的培养要贯彻始终，在培训的每个环节每个步骤都要有所体现。乡村体育教师培训活动不仅要帮助参训教师在教学能力和体育专业水平得到提高，更要帮助参训教师建立起与职业相关的情怀。

（4）开发本土培训资源。陶行知关于乡村师范教育的思想（如"生命即教育"），对乡村体育教师的本土化建设具有很好的启示。他认为，要充分利用乡村地方资源，立足乡村，培养乡村体育教师。因此，乡村体育教师培训课程需要增加乡村教育理念、理念与实践等相关课程。教师要因地制宜，学习当地风土人情，传承乡村文化。现代教育理论与地方教育的兼容，在于最大限度地整合培训资源，制定特色教学内容，以满足不同地区、不同专业教师的不同培训需求，让参与的教师看到乡村条件下新教育理念转化的优秀成果。

（5）反思本土教育问题。在乡村培训课程设置中，乡村体育教师既要对乡村教育进行理性反思，又要将情感融入乡村生活。培养乡村体育教师将教育与自身的生命意义结合起来，提高职业认同和责任感，使乡村体育教师积极参与乡村教育。只有对教育问题进行反思和研究，乡村体育教师才能真正实现教育理论与实践的结合，促进自我教师职业的发展，从而促进乡村体育教育的发展。

（6）做好教师需求的调研。为了满足山东省乡村体育教师参与培训的需求，需要充分考虑如何将教师培训与乡村教育、乡村学校实践相结合。因此，培训学校和机构应在正确全面把握政策导向的基础上，对乡村学校和教育点开展多维度的培训研究。确定学员的共同需求和个人需求，以及学员所在地区的需求和培训学校的需求。另外，应编制乡村教师培训内容清单，使乡村教师可以根据自身需要选择培训内容项目，提高培训的针对性和实效性。

（7）增强培养方案的准确性。培训计划不仅应反映国家的宏观要求和地方的优先事项，还应满足个别教师在专业发展方面的需要，并考虑到乡村教师的各种需要。首先，在教学方案方面，要结合乡村教师的实际需求，从教师专业素质"专业知识""专业能力"和"专业情怀"三个维度科学设计培训方案和课程，选择符合要求的培训内容。构建层次化、立体化的培训课程体系，加强培训内容与乡村教育现实的一致性，提高乡村教师对乡村教育现实的重视。其次，在培训内容的优化设计上，既要注重乡村教师理论水平的拓展，又要注重乡村教师实践和技术知识的获取，帮助他们解决教学中遇到的问题，真正关注乡村教师发展的需求。

（8）转变乡村体育教师思想观念。思想是行动的向导，为了更有效地培训乡村教师，促进培训内容和方法的改进，使乡村教师的培训更加贴近乡村教育教学的实际情况和教师的实际需求，首先就是必须转变培训观念。乡村教师给人的印象是整体教学水平低、教学观念比较落后、教学能力薄弱且教学追求不高等，这种印象严重影响了乡村地区的教师培训观念。教师培训机构或学校实际调查和了解乡村教师真正需要什么，主要是为了提高乡村教师的基本素质。未来对山东省乡村体育教师进行专业培训时，应更多关注乡村教师的实际需求。在培训程序的设计、实施和评价中，乡村教师的发展始终应是培训的出发点和归宿。要通过多种方式激发教师参与培训的意愿和热情，充分满足乡村教师对高质量培训的期望，激发教师参与培训的意愿。这就需要对乡村学校进行深入研究，同时对乡村教师培训需求进行分析。

3. 乡村体育教师培训目标的设定

在培训目标的设定上，既要注重乡村教师理论知识的拓展和深化，更要注重乡村教师实践知识和技术知识的获取，引导他们解决教育教学实施中的难点，真正关注乡村教师培训和发展的需求。对教育培训的需求主要有：①在知识方面，乡村教师对学科和专业技能培训的需求最强。然后是教育研究方法、心理健康教育等。这是因为乡村教师的教育背景普遍较低，很多教师都在进行校内教育，而且学校用品的缺乏仍然是一种普遍现象。②在技能方面，绝大多数乡村教师认为在教学策略、课件制作、班级管理、校本课程开发等方面存在着许多需要改进的地方。③在情感方面，许多乡村教师希望有机会接受师德培训。在现实中，乡村教师的能力具有差异性，因此不同水平的乡村教师培训需求也不同。在设计培训计划和目标时，应尽可能多地解决这些差异。为了满足不同层次乡村教师的培训需求，需要科学合理地制订具体的培训目标。这样，山东省乡村教师的专业培训就能够适应乡村教师专业发展的阶段性规律。在确定培训内容时，应根据乡村教师的实际情况，对所有乡村教师进行适当的分级培训。从专业素质的三个维度（专业知识、专业能力、专业情感）出发，结合乡村教师的实际需求，选择适合的培训内容，建立一个分级有效的培训课程体系。此外，还需要制订更加具体和实用的培训计划。

4. 乡村体育教师培训应具备的因素

（1）为了更好地满足乡村体育教师的需求，培训计划需要更加具体、实用，能够提高教师的实际操作技能和教学效果。

①了解乡村体育教师的实际需求。在制订培训计划之前，应该进行问卷调查或实地走访，了解乡村体育教师的实际需求，包括他们的专业水平、教学经验、教学方法等方面。这些信息可以作为制订培训计划的依据。

②制订个性化培训计划。根据不同乡村体育教师的需求，制订个性化培训计划，以满足他们的专业需求和提高他们的教学质量。

③建立培训内容和实践相结合的机制。除了课堂培训外，还应该开展实践活动，如组织乡村体育教师参观其他地区的优秀体育教学案例、参与教学研讨会等，以帮助乡村体育教师更好地掌握实践技能。

④培训计划中加入新的教学技术和教学方法。随着教育技术的发展和社会的变化，新的教学技术和教学方法也不断涌现。在培训计划中应该加入这些新的教学技术和教学方法，以帮助乡村体育教师更好地适应时代的需求。

⑤确定培训目标和评估机制。在制订培训计划时，应该明确培训目标和评估机制，以便及时评估乡村体育教师的培训效果和培训质量。评估结果可以作为改进培训计划的依据。因此，在制订培训计划时，应该考虑到当地的文化、社会环境、经济状况等因素，根据实际需求设计。

（2）加强培训方式的多样化。乡村教师的培训方法要多元化，培训内容要有针对性。根据集中研究、线上研究、现场教学的培养形式，通过案例教学、场景模拟、现场观察、岗位实习、经验交流、课程学习、校本研究等，科学设置不同的教学内容，通过专题研究和任务驱动研究解决实际问题。同时，教师要有任务驱动精神，全身心投入科研活动。培训课程不仅要解释"做什么"和"为什么"，还要教乡村体育教师"怎么做"，引导乡村体育教师"边做边学"。为了有效呈现培训内容，必须采用灵活的培训模式。在乡村教师培训课程实施时，应根据参加培训教师的特点，采取多样化、灵活的教学方法。培训方法必须符合参训教师的学习特点，以使培训内容更加实用，方法更加灵活，营造出个性化的培训环境，并在培训完成后及时进行有效的评价和反馈。例如，我们可以采用多元化的培训模式，如注重集中教育，同时也可以采用实训模式，以满足青年教师的学习需求；针对学科薄弱的教师，我们通常采用案例培训；而对于骨干教师，则需要进行专项培训。此外，通过短期投资组合、长期投资组合、专家引领组合、任务驱动流动政策组合、教师组合，通过有效的教育"扶持"志愿服务活动，引导乡村教师专业发展，通过"坚持"培训形式的乡村青年教师可以更快成长为全市高质量学校的培训人才。

（3）政府和学校应该采取更多元化的培训形式和内容，以满足乡村教师的需求。许多乡村小学教师认为目前的培训形式和内容过于单一。大多数培训仍以教师间的听课评课为主，而多数教师更愿意参加能丰富自己的多元化培训。如果培训形式更多元化，可以激发教师们的学习兴趣和积极性。例如，可以增加省级或国家级的培训课程，让教师有机会到外地学习，了解更多先进知识，开阔视野，并将学到的知识带回学校与学生分享。由于乡村小学教师长期致力于乡村教育，往往生活和娱乐范围较为狭窄，眼界也不够开阔。虽然有很多假期可以外出，但由于生活压力，很难有机会去远方看看"外面"的世界，吸取更多的营养。在访谈过程中，一些教师建议增加乡村小学教师出省外培训的机会，比如到北、上、广、深等大城市学习。这不仅可以学习新知识和新理论，还可以增加教师的学习热情，这对乡村小学教师和学生都是有利的。

5. 乡村体育教师专业素养的培训

（1）强化专业理念的培训。培训按照教育部制定的《中学教师专业标准》（以下简称《专业标准》）进行。《专业标准》不仅界定了"基本概念"，而且从维度、领域和基本要求三个方面界定了"基本内容"。乡村教师的培养应以《专业标准》作为促进教师专业发展的基本依据。强化乡村体育教师的"乡村教育情怀",强化山东省乡村体育教师在乡村振兴背景下促进乡村教育现代化的意识。强化乡村教师的现代教育理念,培养乡村教师融入当地文化的能力,开发跨学科的本土教育教学资源,强化其师德为先、终身学习、学生为本的理念,调动教师为乡村教育做贡献的内生动力。

(2)强化专业能力的培训。①加强教学评价能力。通过培训,帮助乡村教师掌握教育评价的相关理论,掌握分配性评价、形成性评价、增值性评价和终端性评价的相关原则和实施策略。要特别注意培养乡村教师"评价学生学业成绩"和"评价教师专业发展"的能力。②提高反思和发展能力。在培训中,要重视乡村教师"教学反思能力"的培养,推动专业知识培训与教学技能培训相结合。乡村教师的自我反思能力可以通过教育诊断、行动研究、交流讨论、案例研究、观察分析等方式增强。

(3)要强化专业知识的培训。《专业标准》定义了四个专业领域,这也是对教师专业知识的一般要求。其中,乡村体育教师的语言表达能力有待进一步提高。根据乡村体育教师的实际需要,改进培训内容和方法,增强乡村体育教师讲好普通话和自觉弘扬中华传统文化的意识。

此外,对于乡村体育教师的培训,尤其要注意"常识"的学习和拓展,以完善知识结构。知识主要涉及以下两个方面。

一个是信息技术知识。针对乡村体育教师信息技术知识的缺乏,要从简单到深入进行培训。特别是针对乡村学校现有的教学条件,加强多媒体教学技术的培养,更新教学理念,改进教学模式,掌握新的教学方法。在当前"互联网+"时代,从资源的角度出发,充分利用网络的优势,为乡村教师培训资源搭建公共平台,提供各种优质资源,让乡村教师可以在线学习或免费下载。为了保证乡村教师专业发展的自由、自主和便利,有必要扩大乡村教师培训网络资源的建设,让乡村教师在专业发展中"找自己需要的""找自己想补充的",这些资源尽可能都是免费的。此外,各培训项目应将培训材料或视频资源上传到指定网站,以实现培训资源共享。教育部门应投资整合现有优质培训资源,建立乡村公共教师专业发展免费在线资源库。例如,将教师喜欢的案例研究、优秀教师的课堂观察法培训案例和课堂视频的核心内容放在网络上,教师可以随时学习和观看,根据实例学习。一方面可以满足他们的需求;

另一方面可以解决学习资金的问题。因此，构建乡村教师网络培训平台就显得势在必行。乡村教师培训可以利用在线教育的便利，乡村教师可以根据工作需要和个人需要，接受专家的个性化指导或与他人分享优秀的教育资源，获得体验式和互动式的参与感。

另一个是当地的文化知识。地方文化是一个特定地区的物质文化和精神文化的总和。文化对教育目的的确立、教育方法的选择和教育教学方法的运用都有着深刻的影响。在乡土村落中掌握乡土文化知识，对改进教学方法、融入乡村、传承乡村文化、促进乡村振兴发展具有积极作用。

（4）培养创新能力。乡村小学教师的教育理念是提高教师素质的核心。随着社会主义进入新时代，国家和社会对乡村教育的关注不断增加，乡村小学教师的教育理念也必须与时俱进，具备符合新时代精神的教育理念。为此，乡村学校应定期召开学习会议，一起研究学习当代与乡村教育相关的政策与法律，及时有效地贯彻国家思想和要求，紧跟国家步伐。同时，结合本校实际情况，不断更新教育理念，将最先进的教育思想传达给学生，让他们在学习书本知识外也有所获得。乡村小学教师还应顺应时代与社会的要求，培养创新意识，创新自己的教育理念，不仅钻研教材，还结合社会实践对教学方法和教学内容进行部分创新。在不断的尝试过程中获得经验，创造出属于自己独特的教育教学方法，以此来促进自身专业发展，同时也会加快乡村教育的发展。作为一门具有一定专业性的职业，乡村小学教师不能仅照本宣科地教授学生。教师需要利用创新的教学方法与理念来指导学生，才能实现师生共同进步，体验到教学带来的职业幸福感，从而提升教师的内在生命价值。

（5）增强自我教育能力。乡村小学教师工作环境恶劣、社会地位低下、工作任务繁重、薪酬待遇差等原因使其长期承受巨大的心理压力，常常感到筋疲力尽。这种情况严重影响了乡村小学教师对工作的热情和积极性。同时，一些教师将消极情绪带入教学过程中，小学生具有一定的向师性，所以教师的消极情绪对小学生的身心健康成长也带来了不利影响。因此，乡村小学教师需要合理地调节自己的情绪，增强自我调节能力。虽然乡村小学的学生和教师都不多，但教师也应该对自己严格要求，不断学习，始终保持向上的心态。乡村小学教师应该要保持十分积极乐观的态度去对待生活中的人和事，为了减轻乡村小学教师身心

157

的巨大压力，我们可以采取以下措施。首先，教师应该培养自己的兴趣爱好，以便在感到孤独或不开心时发泄情绪，避免消极情绪积压导致精神崩溃。同时，教师应该不断激发自己内心对教学的热情，以体验教学带来的幸福感。其次，教师要时刻保持情绪平稳，向学生传递正能量，让学生感受到老师的鼓励和快乐，尤其要注意在教学过程中不要将消极情绪带给学生。最后，在处理与家长、领导、同事和学生之间的问题时，要以包容的心态对待他们，学会有效沟通，以避免不必要的矛盾和摩擦。只有这样，才能成为一名成功的教师。

（6）加强移动互联网在体育教师培训中的应用。①做好需求调研。科学合理地设计和开设培训课程计划，是正确把握参训教师的需求差异情况的前提条件。因此，在山东省乡村体育教师培训的筹划阶段，可以利用问卷调查平台编制一份培训需求的问卷，并将问卷通过网络发布给参训教师。要求教师如实填写问卷并全面进行数据分析，从而可以了解参加培训的乡村体育教师的需求和期望情况。②开展微信评课。考察教研活动是体育教师培训的重要内容之一，传统教研活动是在活动后由专家组进行评估，并组织教师进行交流。由于时间和环境的限制，很难保证每个学生都有发言的机会和自由表达自己观点的权利。在这个项目的实施过程中，我们可以应用"微信课堂评价"功能。参训教师可以随时在群聊中提出自己的意见或问题，无论是课间还是课后都可以实现在线的实时讨论，也可以在教研组织者组织的讨论结束后向老师或专家提问。这一措施可以充分保证每位教师提问发言的机会，同时也提高了教研活动的效率。③促进资源下载。培训机构除了可以在公众号上定期发布培训通知外，还可以微信和 QQ 群中发布并推荐其认为有利于科研活动的专业知识、论坛会议、技能视频、教材和参考书等资源信息，鼓励大家资源共享，互惠互利。教师们的培训经验和优秀研究成果，将以共享资源的形式上传到 QQ 群空间或发布到微信公众号等平台，可以为参训教师提供在线浏览和下载。④推动成果形成。任务驱动是实现教师培养目标的重要手段。考虑到体育教学的实用性，培训机构可以设计"视频第一，文字第二"的要求。要求教师提供反映研究成果的教学视频，通过自己的教学实践有效指导学生进行体育活动。手机和平板电脑等移动设备在这一过程中扮演着至关重要的角色。许多参训教师可以用它们来录制、拍摄和上传教学视频。⑤加强跟踪指导。在条件允许的情况下，移动运营商、手机厂商、平台资源开发商等可以与教师培训机构合作，通过对山东省乡村体育教师实际需求的审核和跟进试点方案，不断完善各项功能和服务。这将大大提高移动互联网在教师培训中的应用效率，进而促进山东省乡村教育事业的长足发展。

6. 乡村体育教师培训改革的对策建议

教师培训服务改革正在推进，传统的教师培训项目存在实施不够精准和线上培训难以监管等问题。为此，线上线下融合的智能研修将成为未来教师培训的发展趋势。它不仅有助于推动教师培训模式的改革创新，还为教师培训服务改革提供重要的平台环境支撑。我国正在建设教师数字化学习平台，它将实现培训项目全过程的数字化，从而使培训过程更加可控。该平台将提供训前、训中、训后的全程支持服务，如通知提醒、签到打卡、内容推送等，方便教师参训。同时，它还能实现对培训项目全流程的数据留痕，例如，在视频中加入小测试等交互活动或采用浏览器状态监测等"防挂机"技术，从而让过程监管更加精准。另外，该平台还将为培训过程中的相关主体提供及时沟通协调的平台，如主管部门、培训机构、参训学校和考察机构等，使培训实施更加可控。

（1）加强政策导向和专业管理。为提高乡村中小学教师培训政策工具的匹配性，需要采取以下措施。首先，利用必要的命令工具来支持乡村中小学教师培训政策的落实，明确各地教育行政部门、学校和教师组织的权利和义务，强化管理和监督。其次，发挥劝告和劝诱工具的引导作用，提高教师对培训的认知水平，逐渐引导教师坚定终身学习的信念，进而增强其参与培训的积极性。最后，强化激励工具的内外结合，通过成立专业的组织管理机构，关注公办民办学校的差异，为民办中小学教师提供针对性的分层培训，建立完善的培训追踪反馈机制，提高教师培训的效果。教育行政部门还应积极支持各方充分发挥作用，为民办中小学教师培训工作提供交流平台，使每个参与培训工作的主体都能保持正常运转并呈现良好的状态。

（2）师德助力教师培训水平。《荀子·修身》中有这样一句话："礼者，所以正身也；师者，所以正礼也。无礼，何以正身？无师，吾安知礼之为是也？"这句话强调的是社会道德规范的重要性，也是人们处世的标准，而这个标准是由教师来传授、践行和示范的。但是，在实际的培训中，教师对职业道德规范和师德修养的培训并没有足够的重视，甚至有些教师认为只要上好自己的课就行了，这种观念是不可取的。师德不应该被简单地等同于授课的质量和教学效果。因此，要建立健全培训机制。乡村中小学教师是一个特殊的群体，他们的本质特征决定了培训流程必须根据乡村中小学教育教学的实际情况进行设计，不能简单地套用常规的培训流程。此外，这个流程的设计必须是完整的，能够全面地管理整个培训过程。资源增值共享的过程是协同实施教师培训的本质，是参与主体之间交互学习、共同发展的过程。换句话说，教师培训的协同实施是一个逐步共享的过程。这种分工不同、资源互补的共生状态，产生了资源的需求和供给，使参与各方可以在职责分工的基础上进行人、财、物、智等资源分享。最终，这些资源会聚集到一个共生型行动网络中，实现统筹配置，进而生成新的资源，实现资源增值。

（3）赋予教师自主学习空间。马斯洛认为，求知与理解是成长的需求之一，当基本需求得到满足后，求知欲望就会自然而然地产生。这启示我们，应该坚信教师具备自我学习的需求。相较于强行划定教师培训的"底线"，管理者更应该为教师提供优质的工作和成长环境，为满足教师的求知需求创造基础条件，并帮助教师自然而然地产生求知的欲望。此外，教育管理部门应该尊重教师的成长规律，认识到教师工作的复杂性和情境性，以及教师成长的动态性和多元性。在教师成长中，应减少以"数量化""行政化""工程化"等手段人为地加快教师成长的步伐，让教师有自由的发展空间，依靠内在力量促进生命的自主性、自然性成长，而非受到外力的牵引，变得功利性、表演性。

（4）设置适当的培训目标。努力实现培训课程内容与学科教学需求相对应，以小学教师教育课程目标为例，小学教师教育课程的设计应该包括以下内容：让未来教师了解小学生的成长特点和差异，创造既支持又具有挑战性的学习环境；帮助未来教师满足小学生的表现和求知欲，了解小学生的生活经验和现场资源的意义；设计并组织适当的活动，引导和帮助小学生自主、合作和探究学习，培养良好的学习习惯。建立一支稳定的教师培训专家队伍，教师培训专家团队建设的总体目标是建立一支专业团队来研究教师培训，积极参与教师培训，有效地为教师培训服务，为基础教育教师培训项目开展培训，并推动各部的教师教育改革，促进实现高质量的教师培训。

（5）从长远的角度关注培训机构的需求。从战略高度进行教师培训需求分析，在分析教师培训需求时，不应局限于单一的培训，而应遵循教学改革的发展方向。例如，结合学校的发展需求和当地教育质量，需要提高对教师的需求和挑战，使教育需求的分析更加全面和深入，从而提高教师的个人绩效和学校与地区的整体绩效。教师培训需求分析的最终目标不仅是"弄清谁需要培训、什么样的培训"，还要配合用于分析的培训过程，有效实施培训需求分析过程，并与其他学校和区域活动相结合，在需求研究和需求分析中实现战略规划的生成。为了健全乡村教师培训的保障机制，需要采取以下措施：首先，完善乡村教师培训的工作方案，制订科学的、符合实际情况的乡村教师培训计划，并明确乡村教师培训的对象，以确保所有乡村教师都具有平等的培训机会。其次，要统筹"三支一扶"、特岗教师、"国培""省培"、县域培训、校本培训、大学生顶岗实习以及乡村教师脱岗培训等多个渠道，以顶岗实习大学生替换乡村教师的方式，减轻乡村教师脱岗培训给学校带来的工作压力，降低乡村教师培训的阻力。再次，要完善乡村教师继续教育制度，将脱岗培训作为乡村教师培训的重要组成部分，确保乡村教师能够享有参加培训的权利。最后，要建立多元的乡村教师培训机制，改变以往由教育行政部门统一组织、公办教师培训机构和高等学校承办为主的乡村教师培训机制，引入社会资本和社会培训机构参与乡村教师的培训。将理论性课程转化为问题引领的课程，将主讲教师角色转变为课程主持人。课程主持人会将所要讲授的内容提炼成一系列有研讨价值的问题，提供相关的理论性资料给参训乡村教师自学。在培训课堂中，课程主持人引导研讨，把握研讨的大方向，并进行总结点评，以引领形成共识。

（6）建立相应的督查机制。为了加强乡村教师培训机构的建设，需要建立相应的督查机制，以及完善教师培训评价体系。为此，相关管理部门和专业机构应组织开展专项督导检查，以确保"教师教育振兴行动计划"中有关教师培训工作的实施情况得到落实。此外，也应对各区县级乡村教师培训机构贯彻"重点发展、重点投入、重点突破"政策及对师资队伍建设的优先投入情况进行督查。同时，需要建立区县级乡村教师培训项目实施情况的跟踪、督导机制。对于执行不到位、敷衍塞责的情况，应追究相关部门负责人的领导责任。针对网络教学平台出现的问题，应该优化其实操性。调查发现，操作网络平台对于一些年龄较大的教师而言存在一定的难度，这是问题的根源。为解决这一问题，政府部门应该组织该市的网络研修平台进行整合和统一，以保证教师能够正确地按照操作流程使用。同时，还应该加强技术部门和学校之间的沟通和联系，建立高效直接的解决路径，并定期进行研修平台的升级和维护。对于回访教师遇到的困难，也应该第一时间给予解决。在操作规则上，应该增加个性化设置，及时处理教育教学过程中遇到的问题，这样就能够大大缓解部分教师难以适应的问题。此外，应进一步加强中小学教师应用能力培训，培训课程中应该针对信息技术掌握欠佳的教师，安排系统的基础网络知识培训。因为教师们所掌握的网络知识层次不同，所以为了有效地解决这一问题，学校应开设网络基础课程，为教师们普及一些网络知识，包括如何运用软件、在进行培训时可能会出现哪些网络问题、如何解决问题等课程。

（7）完善教师培训的沟通渠道。为了更好地满足山东省乡村小学教师的培训需求，需要完善教师培训的沟通渠道，并常态化、全面化、全过程化地收集教师需求信息。为了掌握大量真实可靠的数据，需要客观地分析不同教师群体对培训需求的差异，如不同学校、不同学段、不同教龄的教师处在不同发展环境的教师需求都有所不同，甚至同一位老师在不同的教师专业成长阶段其对培训的需求也会随之变化。因此需要建立纵横机制，从横向来说要常态化、长期化；从纵向来说要全面化，涵盖各级各类教师培训，还要全过程化，贯穿训前、训中和训后各个阶段，纵横交错，力求覆盖全体山东省乡村小学教师。另外，政府部门应当出面组织，利用有效的渠道和平台，通过教师座谈会、问卷调查等方式收集教师需求信息，并及时对收集的信息进行分析和整合，为下一步的教师培训工作提供科学依据。增强教师培训需求分析，开展有效的教师培训需求调查，保障教师培训顺利开展，了解目前的培训和教师真正需要的培训还有多大的差距，以及通过培训后教师能够达到怎样的标准。要明确教师的培训需求和目标，就必须先做好需求调查，以便了解教师需要哪些培训内容和培训方式，有助于教师更好地接受培训。通过需求调查，可以将教师需要解决的问题具体化，从教师角度出发，设计出更具针对性的培训方案。同时，要规范培训管理，落实培训经费，确保培训的质量和效果。

（8）具有事业性质的社会活动需要充足的资助和大力支持才能正常开展。俗话说"兵马未动，粮草先行"，资助和支持是实现这一目标的必要条件和基础。在 2010 年，国家推出了 5.5 亿元的"国培计划"，这表明新时代中小学教师培训得到了国家的高度关注和大力支持。政府之所以资助和扶持教师培训体系的建设和发展，是为了提高现有服务质量和提升教师培训成效。高校获得经费后应该用于设置培训课程和聘请培训教师，并关注参训教师的个人成本，包括工作成本和日常生活成本，以充分利用有限资源。只有将资源应用于适当的场所，才能发挥其最大的作用，从而提高中小学教师参加培训的效果。另外，对于培训资金和扶持经费的合理应用，应尽快建立和完善培训管理制度。这是培训工作结构中的主要成分，对培训效果产生直接影响，在实践过程中应得到充分重视。

（9）建立参训教师选拔机制。加快完善参训教师选拔机制，应遵循公正公开原则，确保选拔过程中机会均等、公正公开、差额择优。具体选拔条件包括：①具备一定的学科专业知识和教育理论积累，班级管理成效显著，教学成绩较为优异。②具有较高的思想政治觉悟、较强的专业发展自主性、较强的责任心和上进心，在教育教学和实践管理中具备扎根乡村、吃苦耐劳的创新改革精神。③对于表现优秀、热爱乡村教育事业且特别具有培养前途的"潜力股"教师，可以稍微放宽在硬性指标（学历、年龄、职称等）上的要求，体现培训管理的人性化。通过规范化的参训人员选拔机制，使参训名额的确定更具合理性，同时要确保受训教师具有强烈的参训意愿和积极性，以确保他们全身心投入培训学习。

（10）贯彻"所培为所需"的培训原则，从根本上维护并提高乡村中小学教师培训的质量。进行系统的培训课程设计与实施，构建系统的乡村教师培训课程，为了提高乡村教师的教育水平，应该采取易于接受的集中培训模式，如专题讲座、案例分析和研讨等。培训课程可以包括教师关注阶段理论、建构主义理论、中小学教师专业标准等，以帮助乡村教师重构教育理论知识和体系。同时，也应该帮助乡村教师特别是薄弱学校教师提高发现问题的能力，并以此为基础形成有意识的思考。通过批判性和创新性的思维，提升乡村教师对"教育理论的逻辑清晰性与教育实践的操作模糊性之间的冲突""教育理论视角的片面性与教育实践的整体性之间的相悖""教育理论的理想性与教育实践的现实性之间的矛盾"等问题的认识。

参 考 文 献

［1］白莉、龙秋生：《"目标导向"视域下的中小学体育教师培训模式研究》，载于《广东第二师范学院学报》2016年第6期。

［2］包建恩、孙群：《基于学区制的乡村教师培训策略思考》，载于《成才之路》2022年第23期。

［3］蔡宝忠：《我国体育教师的科研现状及主要特点》，载于《辽宁体育科技》2011年第4期。

［4］常静：《应加强农村学校体育教师的在职培训》，载于《教学与管理》2005年第24期。

［5］陈立新：《凝聚共识形成合力构建乡村教师培训大格局》，载于《教师》2017年第13期。

［6］党玮玺、欧阳林：《农村体育教师培训的"实然"与"应然"》，载于《教学与管理》2012年第36期。

［7］范国盛：《AI时代教师专业化发展的路向》，载于《教育学术月刊》2020年第7期。

［8］冯春鸽、于易、吴飘：《专业学习共同体视域下农村体育教师专业发展研究》，载于《辽宁体育科技》2021年第43期。

［9］宫斐：《结构功能主义视角下美国大学生学习成果测评体系研究》，载于《南宁职业技术学院学报》2019年第24期。

［10］国务院. 乡村教师支持计划（2015－2020年）［EB/OL］. http：//www. gov. cn/zhengce/content/2015－06/08/content_9833. htm.

［11］韩兵、周志勇、支斌：《移动互联在体育教师培训中应用的实践研究》，载于《体育成人教育学刊》2016年第6期。

［12］何敦培、鄢雨晴：《基于教师专业发展的乡村教师培训内容优化策略》，载于《中国成人教育》2021年第12期。

［13］何齐宗、康琼：《乡村小学教师教学胜任力的现状、问题与对

策——基于江西省的调查分析》，载于《中国教育学刊》2021 年第 3 期。

[14] 何小忠、韩念佟：《乡村教师培训需求的特点分析及其启示》，载于《教师教育论坛》2017 年第 1 期。

[15] 何泳忠：《改革教师培训模式促进教师专业化发展》，载于《教育研究》2014 年第 1 期。

[16] 侯中太、王亚莉：《教育变革中教师的身份认同变迁与反思》——兼评《教师身份认同研究》，载于《中国高教研究》2017 年第 12 期。

[17] 胡艳：《影响我国当前中小学教师培训质量的因素分析》，载于《教师教育研究》2004 年第 6 期。

[18] 胡亦亮、周志慧：《"乡村振兴战略"视域下农村体育教师 PCK 研究——以四川省布拖县为例》，载于《四川体育科学》2021 年第 40 期。

[19] 黄澄辉：《中小学教师培训评估解构与治理变革》，载于《教学与管理》2021 年第 6 期。

[20] 黄澄辉、张贤金：《新时代乡村教师培训质量评估指标体系构建及应用》，载于《继续教育研究》2021 年第 2 期。

[21] 黄凤萍：《乡村教师培训存在的问题与对策研究》，河南师范大学 2020 年。

[22] 黄建勇：《"互联网 + 同步课堂"应用模式研究：基于青疆两地同步课堂应用的开展》，载于《教育传播与技术》2020 年第 5 期。

[23] 黄静、陈国华：《乡村小规模学校内生式发展的逻辑与路径选择》，载于《当代教育科学》2020 年第 11 期。

[24] 黄丽娟：《乡村教师培训质量提升研究》，载于《科教文汇》2018 年第 7 期。

[25] 黄清辉、张贤金、吴新建：《新时代乡村教师精准培训的实现路径与保障措施》，载于《中国教师》2021 年第 1 期。

[26] 黄晓茜、程良宏：《教师学习力：乡村教师专业发展的重要驱力》，载于《全球教育展望》2020 年第 7 期。

[27] 黄燕：《现代体育教师培训途径的动态平衡分析》，载于《教育与职业》2014 年第 18 期。

[28] 惠志东、李虎、吕恒莱、魏玉柱：《乡村体育教师培育的实

践探索与反思——以连云港市乡村学校中小学体育培育站为例》，载于《体育教学》2019 年第 9 期。

［29］教育部等五部门．教师教育振兴行动计划（2018 – 2022 年）［EB/OL］．http：//www. gov. cn/xinwen/2018 –03/28/content_5278034. htm.

［30］景占海：《互联网 + 背景下乡村教师信息技术应用能力提升培训问题及对策研究》，载于《科学咨询（科技·管理）》2019 年第 10 期。

［31］孔令帅、王楠楠：《多方协作：美国乡村教师培训的经验与启示》，载于《教师教育研究》2022 年第 34 期。

［32］李赐平、岳芸帆：《乡村教师培训政策的实施困境与路径优化——以川东北 B 市乡村教师培训为例》，载于《四川教育》2022 年第 Z2 期。

［33］李大春：《乡村小学体育教师"混合式工作坊"培训学习模式初探——以广西天等县乡村小学体育教师培训为例》，载于《中国教育信息化》2017 年第 24 期。

［34］李丹丹：《"AI +"乡村教师培训发展路径的 SWOT 分析》，载于《职教通讯》2021 年第 11 期。

［35］李海健：《乡村教师培训纳入精准扶贫的思考》，载于《教学与管理》2018 年第 3 期。

［36］李瑾瑜：《"国培"十年：教师培训专业化探索的中国实践与未来发展》，载于《教师发展研究》2020 年第 3 期。

［37］李凌云、桑国元：《乡村教师培训应走向专业化》，载于《教育家》2019 年第 16 期。

［38］李维、许佳宾、秦俊：《政策工具视角下农村中小学教师培训政策研究》，载于《现代教育管理》2022 年第 8 期。

［39］李雪：《农村小学体育教师教学生活的叙事研究》，重庆师范大学 2019 年。

［40］李艳浅：《谈体育新课程师资培训中的误区及建议》，载于《体育科技文献通报》2006 年第 2 期。

［41］李怡宏：《教育精准扶贫中贫困乡乡村教师专业培训现状及建议——以西邑乡为例》，载于《黑龙江教师发展学院学报》2021 年第 40 期。

［42］李有学：《乡村教师培训存在的问题及其优化路径》，载于

《西部素质教育》2019 年第 6 期。

[43] 林小文：《中小学教师培训需求管理的问题及对策》，载于《黑河学院学报》2020 年第 12 期。

[44] 刘申：《农村学校体育教育"改薄"的现实困境与帮扶路径研究》，载于《青少年体育》2020 年第 8 期。

[45] 刘秀峰、鲜敏：《新疆乡村体育教师访名校培训项目的实施研究》，载于《新疆师范大学学报（自然科学版）》2021 年第 2 期。

[46] 陆少颖、王晶晶：《发达地区乡村教师精准培训路径：以宁波市为例》，载于《继续教育研究》2020 年第 2 期。

[47] 罗心欲：《记住乡愁才能振兴乡村》，载于《梅州日报》2019 年 8 月 7 日。

[48] 马莹莹：《山东省滨州地区农村中小学体育教师工作、生活现状调查与分析》，河北师范大学 2010 年。

[49] 倪钰荐、宋永芳：《基于 AGIL 模型的木结构建筑专业教学改革探析》，载于《建筑与文化》2022 年第 7 期。

[50] 欧阳吴婷、欧阳丹妮：《乡村振兴战略下乡村教师培养对策研究》，载于《品位·经典》2022 年第 7 期。

[51] 潘海燕：《论教师的自我经验及其作用——基于中小学教师专业成长的科研转向》，载于《中国教育学刊》2017 年第 5 期。

[52] 潘建芬：《西部地区体育骨干教师有效性培训的实践探索》，载于《体育科技文献通报》2010 年第 10 期。

[53] 庞丽娟、金志峰、杨小敏、王红蕾：《完善教师队伍建设助力乡村振兴战略——制度思考和政策建议》，载于《北京师范大学学报（社会科学版）》2020 年第 6 期。

[54] 彭新社、童锦锋、周磊、余时平：《高职院校体育教师培训体系的现状分析及对策研究》，载于《运动》2018 年第 16 期。

[55] 曲中林、钟雪蕾：《广东省区县级教师培训机构高质量发展的问题与对策》，载于《当代教师教育》2021 年第 2 期。

[56] 任友群、冯晓英、何春：《数字时代基础教育教师培训供给侧改革初探》，载于《中国远程教育》2022 年第 8 期。

[57] 赛婷婷：《我国中小学兼职体育教师现状调查研究》，北京体育学院 2014 年。

［58］山东省人民政府．山东省"十四五"教育事业发展规划
［EB/OL］．https：//www.askci.com/news/zszc/20220412/1657161821650.
shtml.

［59］沈家华：《基于真实教学情境的乡村教师培训模式探析——
以福建省"十四五"乡村美育师资培训为例》，载于《福建教育学院学
报》2021年第22期。

［60］师闻：《建好建强专家队伍推动教师培训高质量发展》，载于
《河南教育（教师教育）》2022年第2期。

［61］舒彦强：《乡村小学教师培训现状与对策研究》，湖南农业大
学2016年。

［62］孙涛：《乡村教师培训的问题及对策研究》，载于《襄阳职业
技术学院学报》2021年第20期。

［63］孙涛：《乡村教师培训的问题及对策研究》，载于《襄阳职业
技术学院学报》2021年第6期。

［64］孙杏芳、徐正玉：《浅谈农村体育教师培训的重要性》，载于
《才智》2019年第30期。

［65］唐松林：《中国农村教师发展研究》，浙江大学出版社2005
年版。

［66］仝红月：《个人知识视角下乡村教师培训策略研究》，载于
《中国教师》2022年第7期。

［67］涂乐春、李秋丽、颜玄洲：《乡村教师在乡村振兴中发挥作
用的困境与对策分析》，载于《现代农村科技》2019年第9期。

［68］汪丞：《教师定期交流的政策困境与对策：基于政策工具的
视角》，载于《教师教育研究》2020年第1期。

［69］汪娟：《邛崃市农村小学体育师资现状调查分析》，四川师范
大学2019年。

［70］王方全：《乡村教师培训中的问题及其破解》，载于《新教
师》2016年第1期。

［71］王皓月、彭庚：《推动乡村教师专业发展的培训审视与路径
探析》，载于《福建教育学院学报》2020年第5期。

［72］王鉴、苏杭：《略论乡村教师队伍建设中的"标本兼治"政
策》，载于《教师教育研究》2017年第1期。

[73] 王进进:《皖北农村中小学体育教师专业培训绩效评价体系建构》,阜阳师范大学 2021 年。

[74] 王璐、隋红:《美国幼儿体育教师职后培训体系的特色及其启示》,载于《武当》2022 年第 2 期。

[75] 王宇轩:《乡村振兴战略下乡村中学体育教学现状调查研究》,载于《内江科技》2019 年第 12 期。

[76] 魏宁:《基于乡村体育教师专业发展的培训实践与反思》,载于《山东农业工程学院学报》2021 年第 10 期。

[77] 魏玉柱:《体育教师培训因"动"而高效——以连云港市乡村中小学体育骨干教师培育站为例》,载于《中国学校体育》2020 年第 4 期。

[78] 文雪艳、古翠凤:《乡村振兴背景下乡村教师队伍建设的理性思考》,载于《教育观察》2021 年第 10 期。

[79] 吴宝发、黄猛:《区域乡村教师的有效培训路径探析》,载于《教师》2018 年第 19 期。

[80] 吴云鹏:《乡村振兴视野下乡村教师专业发展的困境与突围》,载于《华南师范大学学报(社会科学版)》2021 年第 1 期。

[81] 肖庆华:《论基于"主体诉求"的乡村教师培训》,载于《中国教育学刊》2020 年第 8 期。

[82] 肖正德:《乡村振兴战略中乡村教师新乡贤角色担当意愿的相关影响因素分析》,载于《华东师范大学学报(教育科学版)》2021 年第 7 期。

[83] 肖正德、谢计:《新生代乡村教师之乡村"局内人"文化身份建构——基于地方性知识教学的视角》,载于《中国教育学刊》2021 年第 11 期。

[84] 谢姗:《基于 AGIL 模型的乡村教师职后培训发展策略》,载于《现代教育科学》2019 年第 4 期。

[85] 徐敏杰:《新课程下中小学体育师资培训存在的问题及对策》,载于《文教资料》2006 年第 2 期。

[86] 徐鹏:《人工智能时代的教师专业发展——访美国俄勒冈州立大学玛格丽特·尼斯教授》,载于《开放教育研究》2019 年第 4 期。

[87] 玄淼:《乡村教师职业吸引力的提升策略研究——基于帕森

斯的 AGIL 框架模型》，载于《现代教育》2022 年第 9 期。

[88] 鄢旭：《专业化农村教师培训的内涵、特征与建设》，载于《黑河学院学报》2021 年第 3 期。

[89] 闫金、崔腾宇、梁超梅、金琼：《澳大利亚 MASTER 体育教师培训课程的特点以及启示》，载于《山东体育科技》2020 年第 5 期。

[90] 严月娟：《农村中学教师培训现状的调查》，载于《辽宁教育研究》2007 年第 1 期。

[91] 燕凌、马克、王亚丽、于冉、安宁：《西南地区乡村小学体育教师培训的困境与破解》，载于《体育教学》2018 年第 38 期。

[92] 燕凌、马克、王亚丽、于冉、安宁：《西南地区乡村小学体育教师培训的困境与破解》，载于《体育教学》2018 年第 7 期。

[93] 杨丹、林光明：《乡村振兴背景下农村义务教育阶段教师培训意愿影响因素研究——基于广元市的实证分析》，载于《继续教育研究》2022 年第 7 期。

[94] 杨建忠、杨琼花：《民族地区乡村教师"按需施训"策略研究——以黔东南州教师继续教育培训基地为例》，载于《凯里学院学报》2017 年第 35 期。

[95] 杨铁黎、刘沛：《体育教师培训模式研究与实践探索》，金盾出版社 2017 年版。

[96] 杨永厚：《如何增强乡村教师培训实效》，载于《人民教育》2022 年第 9 期。

[97] 余新：《教师培训的本质、功能和专业化走向》，载于《教育科学研究》2010 年第 12 期。

[98] 余芝芝、李林、金治：《辰溪县农村中学体育教师培训需求研究》，载于《运动》2017 年第 7 期。

[99] 俞建芬：《精准扶贫视域下乡村教师培训的困境与出路》，载于《教育科学论坛》2018 年第 13 期。

[100] 袁美凤、蔡建光、郭志诚：《基于 AGIL 模型的农村公共体育高质量供给路径研究》，载于《体育科技文献通报》2022 年第 30 期。

[101] 袁筱平、李玉辉：《农村中小学体育教师培训课程设计再研究——以陇南市"万名教师培训工程"小学体育课程为例》，载于《西北成人教育学院学报》2014 年第 4 期。

[102] 张宏霞：《"互联网＋"背景下乡村小学教师培训模式分析》，载于《小学时代》2019 第 36 期。

[103] 张鸿翼：《乡村教师培训的现实困境与突破路向》，载于《贵州师范学院学报》2019 年第 35 期。

[104] 张慧迪、张力跃：《乡村教师入职培训的困境及其应对》，载于《职教通讯》2020 年第 4 期。

[105] 张家振、廖金林、黄永飞：《乡村振兴战略背景下体育教师专业发展的路径探究》，载于《当代体育科技》2021 年第 11 期。

[106] 张嫚嫚、魏春梅：《乡村教师培训存在的问题分析及对策思考》，载于《教师教育研究》2016 年第 28 期。

[107] 张庆新、陈雁飞：《"国培计划"体育教师培训跟踪指导中的实践问题及提升策略》，载于《体育教学》2020 年第 8 期。

[108] 张姝、黄丹：《共享理念下教师培训项目的协同实施》，载于《教学与管理》2022 年第 15 期。

[109] 张文超：《从普适到特惠：乡村教师培训的思路转型》，载于《中小学教师培训》2016 年第 6 期。

[110] 张贤金、吴新建、叶燕珠、汪阿恋：《乡村教师培训课程精准化设计的实践探索》，载于《教学与管理》2021 年第 30 期。

[111] 张晓文、张旭：《阻滞与突破：乡村教师培训工作的路径选择》，载于《考试研究》2016 年第 6 期。

[112] 张孝德、丁立江：《面向新时代乡村振兴战略的六个新思维》，载于《行政管理改革》2018 年第 7 期。

[113] 张焱：《农村教师培训工作的现状及对策浅析》，载于《延边教育学院学报》2013 年第 4 期。

[114] 张育菡、赵永勤：《实践取向的乡村教师培训：为何与何为?》，载于《中国成人教育》2021 年第 13 期。

[115] 张元锋、赵洪波：《黑龙江省农村体育教师培训现状与对策》，载于《继续教育研究》2017 年第 6 期。

[116] 赵高伟：《农村体育教师专业发展的困境与解决策略》，载于《教学与管理》2016 年第 36 期。

[117] 赵宏亮：《发达地区乡村教师培训问题和策略研究——基于青岛市乡村教师培训的实践》，载于《中小学教师培训》2021 年第 8 期。

［118］赵娇艳：《振兴乡村战略背景下乡村体育教师发展现状研究》，载于《青少年体育》2019 年第 12 期。

［119］赵新亮：《我国乡村教师队伍建设的实践困境与对策研究——基于全国 23 个省优秀乡村教师的实证调查》，载于《现代教育管理》2019 年第 11 期。

［120］赵永勤：《个人知识视角下教师有效培训困境检视及策略探究》，载于《当代教师教育》2018 年第 4 期。

［121］赵永勤：《教育经验改造视域下的乡村教师专业发展路径研究》，载于《教育发展研究》2018 年第 20 期。

［122］中共中央 国务院. 关于全面深化新时代教师队伍建设改革的意见［EB/OL］. http：//www. gov. cn/zhengce/2018 – 01/31/content _5262659. htm.

［123］中共中央 国务院．乡村振兴战略规划（2018 – 2022 年）［EB/OL］. http：//www. gov. cn/zhengce/2018 – 09/26/content_5325534. htm？ trs.

［124］周进国、黄彦军、陈喜福、周传志：《"五维多元"：高校支教农村学校体育模式探索——以韩山师范学院体育学院为例》，载于《青少年体育》年 2022 第 6 期。

［125］周靖毅：《情境学习理论视角下教师培训模式的变革》，载于《教育理论与实践》2017 年第 4 期。

［126］周兰：《基于帕森斯"AGIL"模型的艺术学科建设路径研究》，载于《四川戏剧》2021 年第 9 期。

［127］周杉、夏海鹰：《乡村骨干教师培训需求分析：意义、困窘与突破》，载于《继续教育研究》2022 年第 3 期。

［128］周玉元：《我们需要什么样的培训——中小学教师培训需求与现行培训矛盾的调查与建议》，载于《中小学教师培训》2010 年第 1 期。

［129］朱栋栋：《农村体育教师培训管理模式研究》，载于《体育世界（学术版）》2014 年第 8 期。

［130］朱益明：《论中小学教师继续教育的内容与对策》，载于《上海高教研究》1998 年第 10 期。